인사팀장의
비하인드 스토리

인사팀장의 비하인드 스토리

초판 1쇄 발행 2021년 1월 11일

지 은 이 박창욱
발 행 인 권선복
편   집 권보송
디 자 인 최새롬
전 자 책 서보미
발 행 처 도서출판 행복에너지
출판등록 제315-2011-000035호
주   소 (157-010) 서울특별시 강서구 화곡로 232
전   화 0505-613-6133
팩   스 0303-0799-1560
홈페이지 www.happybook.or.kr
이 메 일 ksbdata@daum.net

값 16,000원
ISBN 979-11-5602-853-6 03320

도서출판 행복에너지는 독자 여러분의 아이디어와 원고 투고를 기다립니다. 책으로 만들기를 원하는 콘텐츠가 있으신 분은 이메일이나 홈페이지를 통해 간단한 기획서와 기획의도, 연락처 등을 보내주십시오. 행복에너지의 문은 언제나 활짝 열려 있습니다.

직장인, 취준생, 3모작 도전의 체험 인사이트

인사팀장의
비하인드 스토리

박창욱 지음

이 세상의 모든 사람은 다 존재가치가 있다
최적의 인재, Right People이다

도서
출판 행복에너지

정만기 한국자동차산업협회 회장(겸, 한국산업연합포럼 회장)

저자와는 1998년 말 외환위기의 한복판에서 만났다. 대부분 사람들이 말하길 한국의 위기극복은 30년 이상 걸린다며 회사는 물론 일자리도 사라지는 상황에서 우리가 어떻게 위기를 극복하고 성장했는지를 직접 보여주었던 것이 크게 기억에 남는다. 부존자원이 없는 상황에서 인재와 해외시장이 나라를 부강하게 한다는 인식으로 해외진출 전문인력 양성에 매진했다. 이 책은 저자의 대우 근무 시절의 이야기와 함께 외환위기 극복과 이후에 인재들이 어떻게 생존하고 성장해왔는지를 보여주고 있다. 30년 이상 체험으로 터득한 지혜를 짧은 시간에도 충분히 느끼고 학습할 수 있을 것이다.

변연배 우아한 형제들㈜ 인사총괄 임원(전 쿠팡 인사담당 부사장)

최근의 경영환경 변화는 향후 몇십 년간에 일어날 것들이 농축되어 폭발하는 형태로 나타날 가능성이 크다. 이런 전망을 근거로 사람을 다루는 일, 즉 인사관리가 새삼 조명을 받고 있다. 저자는 인사전문가로서 40여 년간 터득한 지혜를 이 책 한 권에 재미있게 잘 녹여두고 있다. 인사담당자뿐만 아니라 제2의 경력 준비에도 유용할 것이다.

심상운 한국인사관리협회 대표이사 부회장

저자는 대우그룹 인사과장 재직 시 한국 최초로 '채용박람회' 개최를 비롯하여 인사·조직부문에서 다양하고 혁신적인 실무역량을 발휘했습니다. 또한 최근에는 대우세계경영연구회 GYBM프로그램으로 취업난에 처한 청년들에게 해외취업 기회 제공과 인적 네트워크 구축으로 희망과 용기를 주며 중소·중견기업 구인난 해소에도 큰 기여를 해오는 것을 꾸준히 지켜보았습니다. 그는 이 책에서 '사람과 조직'을 운영하는 기본 원리와 함께 다양하고 세분화된 인사업무의 애환과 보람을 펼쳐 보이고 있습니다. 오랜 경험을 통해 '일과 삶과 꿈'을 진솔하게 이야기하는 한편 실무경험의 노하우와 에피소드를 바탕으로 귀중한 체험매뉴얼의 보고(寶庫)를 열고 있습니다.

정민호 ㈜데이터마케팅코리아 인사담당자

5년 전 취업준비생 시절부터 인연이 시작되었습니다. 청년취업 주제의 특강에서 현실적이면서 위트가 가득찬 명강의를 들었습니다. 기업의 인사업무담당으로 일하며 해가 가고 실무 경력이 쌓일수록 깊은 공감으로 감동받고 있습니다. 인사업무에 대한 분석과 통찰은 분명 사람에 대한 애정과 관심에서 출발해야 가능할 것입니다. 인사라는 주제로 다양한 연령이 함께 힐링하는 계기가 될 것입니다.

 사람과 관련된 일, 인사업무를 오래 하면서 '인사과장'이란 호칭이 제일 좋았다. 가장 왕성하게 일하며 고민도 많이 하고 많은 사람들을 만났던 시절이었기 때문이었다. 그러나, 한편으로는 조심스러운 시기였다. 경험이 일천했기 때문이다. 세월이 한참이나 지나고 나서 깨닫게 된 것도 많았다. 그래서 '숨은 이야기'라고 이름 지어 보았다.

 그래서 60살에 막 들어선 이 시점에 생각을 정리한 책을 내어 볼 용기를 냈다. 깊고 넓게 고민하며, 길고 좁은 관점에서 글을 정리하려고 노력했다. 가는 길의 방향 전환은 처음 가는 길보다 더 힘이 들었던 경험 때문이다.

 실무적, 행정적으로 인사업무를 시작한 지 39년이 되었다. 군에 입대하여 소대장, 군수장교에 이어 인사장교가 되었던 것을 계기로 대기업, 중소기업, 교육사업, 취업교육, 기업과 직장인교육으로 연결되었다. 그

리고 지금은 글로벌청년사업가양성과정GYBM의 실무 총괄 업무를 통하여 사람에 대한 관심의 종합판으로 연결되었다. 선발, 교육, 평가, 보상, 직장 적응, 재도전 등의 관심이 글로벌시장으로 연결이 되어 있다. 사범대학에서 교육자의 길을 공부한 것까지 합하면 40년이 넘는 세월이었다.

대기업의 경우는 인사업무가 세분화가 되어 있다. 선발과 채용, 운영과 평가, 교육연수 등이 그것이다. 다행히 관련 업무를 종합적으로 일관되게 수행했다는 것이 이 책을 만들어 보고자 하는 용기의 밑천이 되었다.

대학을 다니며 사람을 유치하고 선발·채용하여 현업부서에서 성장하는 모습을 지켜보았으며 그들을 평가하고 다음 자리로 진급시키며 성과를 보상하는 것까지 모두 다뤄 보았다. 좀 더 나아가 직장을 떠나 창업하며 사업가로 자리 잡는 모습과 혹은 정년 이후의 삶도 두 눈으로 똑똑히 보는 행운이 있었다. 특히, 이런 과정을 통해 많은 분들의 사람에 대한 생각을 접할 수 있었다.

인류가 4차 산업혁명을 통하여 사람을 최소화하며 발전을 꾀할 것이라는 담론이 진행되던 중에 코로나19라는 팬데믹이 일어났다. 이젠 기원전B. C., 기원후A. D.의 구분과 마찬가지로 코로나 전후의 역사가 구분되어야 한다는 말이 나오고 있다. 이러한 상황이 인류 문명의 강력한 전환점이 될 것이라는 전망이 한창일 때 책을 출판한다.

많은 일이 사람을 배제하면서 사람 사이의 간격이 멀어지리라는 것이 주종의 논의이다. 그러나 인간은 혼자서 할 수 없기에 같이 일해야 하는 당위성은 더 커지고 있다. 매일 쏟아지는 전 세계의 정보로 인해 인간 욕망의 한계가 어디일지 모를 정도이기 때문이다. 싸고 좋은 것을 바라는 인간 욕망으로 포장된 소비자를 충족하기 위해 사회적 분업, 기업 내 분업, 직업과 직종의 분화는 더 가속화되고 있다. 사람 간의 간격이 멀어질 것이란 원심력遠心力과 되레 사람 간의 협업, 협력의 필요성이 더 커질 것이라는 구심력求心力이 힘 겨루는 모습을 보고 있다.

어떠한 세상이 오더라도 기업과 조직은 본능적으로 협업이 원활한 사람으로 조직을 꾸려 경영한다는 것은 변함이 없을 것이다. 그러기에 사람의 문제, 즉 사람을 뽑고, 가르치고, 직무배치하고, 평가하고, 성과를 나누는 문제, 즉 인사人事문제는 조직의 만사萬事이자 기본이라는 것은 더 공고해지고 있다.

다양한 직업세계에 비추어 보면 이 세상의 모두 사람은 다 존재가치가 있다. 그런 생각을 바탕으로 정리한 이 책에서 말하는 인사는 절대적인 최고의 인재 즉, BEST PEOPLE을 추구하는 것이 아니다. 최적의 인재, RIGHT PEOPLE에 대한 관점으로 정리한 것이다.

크게 3그룹으로 정리했다.

하나는 인사과장, 숨겼던 나의 이야기로 인사담당과 인사직무 희망자

에게 하고 싶은 말이다.

둘째는 인사업무, 숨겨진 이야기로 직장인과 취준생, 재취업 도전자에게 하고 싶은 말이다.

셋째는 인사과장 이후, 도전하며 겪은 이야기로 퇴직자와 3모작 희망자에게 하고 싶은 말이다.

1장은 인사쟁이 본인의 생각과 삶을 담았다. 인사쟁이를 요즘은 HR Professional이라고도 한다. 사람을 통해 조직과 나의 성장을 꿈꾸는 사람들이다. 사람에 대한 고민으로 하루에도 오만(50,000)가지 생각을 한다. 그 생각을 조심스럽게 열어 본다.

2장은 차갑고 딱딱할 것만 같은 조직생활에 활력을 불어넣었던 경험이나 에피소드를 소개한다. 여유 있고 협력과 상생이 살아 숨 쉬는 직장생활이다. 인사쟁이가 경험한 진정한 워라밸이 있는 직장생활이다.

3장은 모집과 선발, 채용에 관한 글이다. 모든 직업에 연결된다. 청년 취업의 문제와 맞닿아 있다. 공공부문에서 시험으로 일차 걸러지는 이슈는 제외했다. 직장인의 전직과 재취업에도 유효하다. 인사쟁이가 사람을 보는 출발점이다.

4장은 입사와 성장에 관한 내용이다. 조직에 기여하고 상응하는 처우로 삶을 꾸려가는 직원들의 기본적인 생활을 보는 인사쟁이의 말이다.

5장은 직장인의 핵심이슈인 인사고과와 진급에 관한 내용을 다뤘다. 직장생활의 결정적 계기가 되는 주제이다. 입사를 위한 취업 도전에 집중해야 할 역량 정의와도 맥락이 닿아 있다. 진정한 인사쟁이의 실력이 드러나는 접점이기도 하다.

6장은 전직과 재취업에 관한 것이다. 인사업무를 오래 하다 보면 자연스럽게 만나는 부분이다. 인사쟁이를 하다 보면 헤어진 사람과 다시 만나는 경우가 많다. 덕분에 회사를 떠날 때 품었던 보다 나은 직장생활이나 개인 창업의 목적을 제대로 이루었는지를 엿보는 경우가 많았다. 그런 꿈을 찾아가는 준비에 대한 생각이다.

7장은 정년 이후의 삶, 즉 60세 이후에 살아갈 방향에 대한 것이다. 지금의 직장과 일은 좀 더 나은 다음의 직장, 다음의 일을 위한 준비의 성격이 있다. 언제까지 살아 있을지 모르고 신체적, 정신적으로 건강하기 때문에 관심을 가진 영역이다. 의미 있는 삶으로 주변에 좋은 흔적을 남길 방법을 찾아본다. 인사쟁이의 마지막 관심사이자 현재 진행 중인 모습이다.

10여 년 전부터 이런 종류의 책을 내고 싶은 욕심이 있었다. 소재는 많았지만 머릿속에서 나오지 못했던 것은 시중에 나도는 수많은 책에 비해 차별화가 쉽지 않았기 때문이다. 지금은 조금 부족하더라도 누군가에게 작은 통찰을 준다면 의미가 있을 것이라는 생각으로 도전했다. 마침 언론에 기고할 수 있는 기회가 주어졌다. 지난 1년간 여성경제신문에 '인사만사 25시'라는 제목의 칼럼으로 매주 기고하며 시간과 노력을 집중할 수 있었다. 직장인, 취준생, 자녀를 둔 부모님에게 유용하기를 바란다.

지난 1년간의 칼럼 준비와 책 발간에 힘을 보태준 우리 가족에게 감사한다. 글쓰는 것을 핑계로 밤낮없이 책상에만 있었던 시간 때문이다. 그리고 필자가 몸담고 있는 대우세계경영연구회 장병주 회장님과 사무국 직원들에게도 감사를 드린다. 있는 시간, 없는 시간 다 동원했기에 소홀했던 일도 있었을 것이기 때문이다. 흔쾌히 출판을 맡아 주신 권선복 행복에너지 대표님께도 감사 말씀을 드린다.

2020년 12월,
남산이 보이는 대우재단빌딩에서
박창욱

목차

1장

인사과장, 숨겼던 나의 이야기:
인사담당, 인사직무 희망자를 위하여

하나, 인사쟁이: 만사(萬事) 앞의 오만가지 생각은?

2장

인사업무, 숨겨진 이야기:
직장인, 취준생, 재취업을 위하여

네엣, 입사·성장 — 어디서, 무슨 일을 할까?

다섯, 고과·진급 — 경쟁자보다 앞선다는 것

3장

인사과장 이후, 도전하며 겪은 이야기:
퇴직자의 3모작 경작을 위하여

인사부장이
뭘 알어?

오너, CEO의 고민을 읽어라. 인사부도 모른다

　같이 직장 생활했던 후배들이 줄줄이 회사를 떠나는 모습을 본다. 대개가 40대 후반부터 50대 중반의 나이다. 나는 후배들의 첫 직장 입사시점에 그들을 담당하는 인사과장이었던 터라 헤어진 지 20년이 지난 시점에 안타까움을 느끼고 있다.

　아직도 자녀교육, 결혼 준비, 노후대비 등의 문제가 첩첩산중이다. 그래서 새로운 직장을 찾는 데 뭔가 도움이 되고 싶어 물어보면 '인터넷을 보고 취업 포털사이트를 봐도 자기한테 맞는 일이 없더라'는 울림만 돌아온다. 특히 '40대, 50대는 안 뽑더라'는 것도 늘 나오는 말이다. 작은 빈틈을 찾아보자고 해도 묵묵부답이다. 나를 못 믿어서일까? 아니면 그들의 고정 관념의 벽이 너무 두터워서일까? 고민이 많다.

잠시 화제를 돌려본다. 10여 년 전에 대학 강단에서 겸임교수 자격으로 취업준비라는 과목을 가르칠 때의 일이다. 매주 월요일 아침 3시간씩 한 학기 수업을 하는 중에 다른 일로 해외출장이 불가피했던 적이 있었다. 금융 회사의 인사업무 전문가 출신으로 알고 지내던 분이 당시 금융계열회사 부사장으로 재직 중이었다. 5년 선배이지만 30여 년이나 교류하고 지내며 인품이나 생각을 잘 알고 있어서 보충 특강을 부탁했더니 선약先約이 있다고 했다.

그래서, "형님! 형님 대신 밑에 있는 인사부장이 와서 강의하게 해주면 안 될까요"라고 말했더니 전화기 속에서 갑자기 큰 소리로 "인사부장이 뭘 알어?"라는 것이다. 갑자기 머리가 떵해졌다. 그러면서 갑자기 스치는 생각으로 얼굴이 화끈거리기 시작했다. 나한테 질책하는 소리 같기도 했다는 생각 때문이었다.

무슨 말이냐고 물었더니만, 일반인들은 대기업의 인사부장이면 '사람'에 관해 모든 것을 알 것이라 생각하지만 그렇질 않다는 것이다. 그러니 학생들에게 뭘 가르치겠느냐는 답이었다. 내 생각에도 대기업 인사부장은 온실 속의 화초라는 생각도 들었다. 대개가 정해진 틀과 제도 속에서 습관적으로 일하며, 의지를 가지고 하는 일이 별로 없다는 뜻이기도 했다. 직원 채용분야도 대규모 공개채용으로 이루어지니 고민하고 판단하기보다는 행정적인 일만 처리하는 것이 다반사라는 생각도 들었다.

특히, 인사업무 외 회사의 수많은 일들을 다 헤아릴 수가 없어 도리어 시야가 협소하다고도 하였다. 그런 의미에서 인사부를 책임지는 자리에는 '인사업무'만 해왔던 사람은 적합하지 않다는 것이다.

나는 대우무역상사(주식회사 대우 무역부문)에서 인사 업무의 최종결정권자인 인사부장의 꿈을 완성하기 직전에 경영기획부로 자리를 옮겼다. 이후 2년간 경영기획부장으로 일했던 것이 회사의 구석구석을 챙기고 이해하는 계기가 되었다.

그리고, 대우라는 대기업을 떠난 이후 교육 사업으로 취업관련 교수로 일하면서 상당히 많은 인사부장들의 이력서를 접할 기회가 있었다. 그런데, 그들이 제출한 이력서조차 온전한 것을 본 적이 없었다. 중소기업에서 전문경영인으로 일할 때는 경력직 지원자를 채용하려고 지원 서류를 심사한 일이 많았다. 강의에 종사한 후로는 다른 기회에 강사로 소개하기 위한 이력서를 요구하면 대개가 함량 미달이었다.

직장생활에서 의도적이었든 불가피했든 다양한 업무 경험은 다음 직장으로 이어지는 큰 징검다리가 된다. 지푸라기라도 잡는 심정으로 상대에게 내밀어 보아라. 구체적인 필요를 탐문하고 이유를 헤아려 보여주면 큰 효력을 가질 것이다.

정작 인사 업무를 인사부장도 잘 모르는 한계가 있다는 것이다. 그래서, 절치부심하며 헤아려 보았던 일을 정리해 본다.

1장

인사과장,
숨겼던 나의 이야기: ─────

인사담당, 인사직무
희망자를 위하여

하나,

인사쟁이: 만사(萬事) 앞의 오만가지 생각은?

첫 업무! 신입사원과 인사과장 생각의 차이: 회사 첫 업무 배치의 진실

지금은 직업, 취업관련 강의를 하고, 한때는 회사 직원들의 인사관리와 경력관리를 했던 인사업무 담당자로서 가진 가장 큰 의문이 있다.

"직업이나 직장을 선택함에 있어 원하고 좋아하는 곳을 가야 하는 것인가? 아니면 적당한 곳에 들어가 잘해서 좋아지도록 해야 하는 것인가?"

많은 직장인들이 적성에 맞지 않는다고 공들였던 직장을 떠난다. 과거 같으면 상상도 못 할 다른 분야의 기관이나 조직, 심지어는 연봉을 대폭 낮추어 재취업하는 경우도 자주 보게 된다. 뿐만 아니라 대학생들의 경우는 희망하는 회사, 직업에 목매어 이곳저곳 기웃거리다가 세월 다 놓쳐버리기도 한다.

미국의 시인인 로버트 프로스트의 시詩 '가지 않은 길'을 연상한다. 같은 시기에 두 가지 길을 다 갈 수 없기에 영원히 검증할 수 없는 일이다. 그러나, 작은 힌트로 직관을 얻을 수 있는 사건이 뚜렷이 떠오른다.

개인 능력 극대화를 위한 희망 업무

약 25년 전의 일이다. 기업의 선발된 직원이 한 부서에 자리 잡기까지의 과정Process을 한번 정리해 본다. 예나 지금이나 크게 바뀐 것이 없는 일이다.

신입사원을 뽑는 일은 인사부의 중대사이다. 선발한 다음에 연수에 이어 부서배치를 완료함으로써 일단락이 된다. 경영의 탄력성이 적은 제조회사가 아닌 글로벌 영업을 하는 종합상사이다 보니 매년 선발, 채용 인원수는 현업부서의 요청을 집계, 조정한 숫자가 기준이 된다. 채용할 때는 대학 전공과 희망업무를 고려하며 사람 됨됨이 중심으로 선발, 확정한다. 소요를 파악하고 채용, 연수가 끝날 때까지 길게는 3개월 이상 걸리기도 한다. 일부 인원은 연수 도중에 퇴직을 해서 최종 부서배치 때 적재적소의 배치 작업이 상당히 까다로워진다.

그래서, 연수 중에 각 부서에서 하고 있는 업무를 세세하게 알려주며 종료되는 시점에 부서배치를 위하여 대상자 전원에게 배치 희망 부서를 접수하고 개별면담을 반드시 실시한다. 위에서 언급한 수급인원의 차이도 문제지만 당사자들의 희망업무나 분야가 연수 기간 중에 심하게 바뀌기도 한다. 심지어 일부 인원은 입사 전에 정보를 알고 들어온다. 어느 선배가 자기 부서에 오라고 초대(?) 아닌 헌팅을 하는 경우다. 그러다 보니 부서 배치의 희망을 접수하면 인기부서에 쏠림 현상이 발생한다. 거기다가 근무 중인 부서장의 캐릭터, 선배직원들의 특징도 감안해야 한다.

이런 전제하에 신입사원 100명의 희망과 요청인원 120-130명을 맞춰서 부서배치를 하게 되는 것이다. 그런데, 처음이자 마지막으로 100명의 신입사원(정확하게는 인턴사원)을 당시 인사과장이었던 내 맘대로 배치를 한 적이 있다. 딱 한 번이다. 개인의 희망의견과 각 부서가 원하는 요건을 들을 수 없는 상황에서 배치를 한 것이다.

앞에서 소개한대로 '종합상사'이다 보니 업무의 종류와 취급하는 상품의 종류가 정말 다양했다. 글로벌 차원으로 영업이 확장되니 일일이 열거가 어려울 정도로 팽창하고 있었다. 예를 들면 섬유, 경공업, 화학, 철강금속, 비철금속, 자동차부품, 자동차, 기계, 전자, 통신, 선박, 군수물자, 항공우주 등으로 취급 품목이 '바늘에서 로켓까지'라고도 표현할 정도였다. 업무가 표준화되는 산업이면 순환보직도 되고 해서 처음엔 안 맞아도 다음에 기회가 생기기도 하는 것이기에 배치 때 마음에 들지 않아도 조금만 기다리면 해소가 되는 것이다. 그런데 종합상사는 달랐던 것이다.

개인 의지와 상관없는 부서배치의 도발

부서배치는 개인성향과 희망에 따르는 민감한 일이지만, '인사과장 맘대로' 한 배치가 인사업무를 담당한 13년간 가장 잘되었다고 판단된다. 그때 채용인원 거의 전원이 처음에 맘대로 배치한 부서에 정착을 잘했으며 일정 기간 이후 퇴직율도 낮았고, 잘 뽑았다는 칭찬이 자자했다고 기억된다.

조금 구체적으로 정리하면 인턴사원을 뽑아 배치하는 일이고 졸업 이후에는 전원을 채용해서 실습부서로 정식 배치를 하는 일이었다. 4학년 여름 방학 1개월간의 인턴 근무를 위해 배치 부서를 정할 때이다. 임시로 실습만 하는 수준이라 개별 면담도 하지 않았고, '인턴이 끝나면 최종 합격여부를 바로 알려준다'는 방침이었다. 처음에는. 그리고 나서 '학교로 돌아가 2학기를 보낸 후 정식 직원이 될 때 최종 부서는 조정될 것이다'는 전제만 있었다. 실제로 사전 연수가 없는 상태이고 일정도 맞질 않아 완전히 필자의 판단으로만 부서배치를 한 것이다. 물론 인턴 선발 면접 때의 평가, 대학 전공, 오고가며 만나고 나눈 대화의 기억들만으로 조합해 나간 것이다.

당사자들은 한마디 불평 없이 1달간의 근무를 마치고, 소속부서장에게 최종 선발여부에 대한 의견을 물으며 정식직원으로 데리고 일할 의향을 물었더니 '전원 채용, 우리 부서로 반드시 보내 주세요'라고 접수가 되며 공전空前의 히트를 치게 되었다.

지금도 그 동기 기수들을 만나면 가장 반갑게 대할 뿐만 아니라 사회적으로 제 역할을 하는 사람이 많다는 생각이 든다.

세상 물정 모르는 단계에서의 희망?

직업이나 커리어 관리에 있어 개인의 희망사항이라는 것이 무엇일까? 스스로에 대한 정확한 진단의 의미는 무엇일까? 그냥 막연히 남들이 가니까 따라가는 것이 뻔해 보여서 평생의 직업으로 잘못 이어지는 것이 보이는데 그냥 두는 것이 맞는 것일까? 학술적으로도 한번 조사, 검증을 해 보고 싶은 분야이기도 하다.

아차! 하나 빠뜨린 것이 있다면 당시의 종합상사 인기로 정말 좋은 인재들이 많이 지원을 하였고, 채용되었던 인원 모두가 정말 국보급 인재였다는 것이다. 인사과장의 배치 능력 덕분이 아닌 뭘 해도 잘할 수 있는 사람들이었다는 것이 정확할지도 모르겠다. 이 시대에 인재를 키우는 일에 대한 작은 힌트를 찾아야 한다고 생각한다.

사람 뽑는 인사부 사람들은 어떤 사람?: 괴짜 가설로 보는 인사부 직원

회사 입사入社를 학교 입시入試 보듯 하는 것이 우리 사회의 현실이다.

시험을 치르듯이 취업을 하려고 한다는 뜻이다. 이 부분이 '공부 잘한 학생, 스펙 좋은 학생'이 지원서나 면접에서 탈락된 경우에 이해를 못 하는 가장 중요한 원인이다.

입사(기업)와 입시(학교)의 근본 차이는 무엇일까? 학교는 전문성(일, 전공) 있는 지식이나 기술만 있으면 되지만, 기업은 그 능력이 전후좌우의 사람들과 결합되어야 제품, 상품이 되어 돈을 버는 영역이기에 '인간관계(사람)'가 추가가 된다.

취업준비, 직장생활, 미래의 성공은 모두 이 두 가지 요인 '일과 사람'을 두루 갖춰야 한다. 그런데, 인간이 가진 '시간'이라는 자원Resources은 모두에게 동일하게 주어졌기에 취업준비 차원에서, 직장생활 차원에서 서로 풍선효과가 나타난다. 전문성이 있는(성적 좋고 스펙 좋은) 사람은 인간관계(배려, 경청, 칭찬 등)가 약하고 인간관계가 좋은(잘 어울리고 양보 잘 하는) 사람은 전문성이 떨어지는 풍선효과이다.

거기에다가 학교에서 평가는 오로지 전문성(전공)만 평가를 한다. 인간관계의 핵심이 되는 태도, 인성은 평가하지 않으니 당연히 소홀해진다.

기업에서 굳이 면접에 중점을 두는 이유는 인간관계인 기본요소인 '태도, 인성'을 보고 싶은 것이다. 입사서류 중에 '자기소개서'라는 서식도 대학생활, 취업준비 과정의 인간관계를 보여 달라고 만든 것이다.

이 부분에 대한 이해가 사회 전반에 대단히 부족하다. 교사, 교수, 정책당국, 언론인 등 학생들에게 지극히 많은 영향을 미치는 직업군 모두가 개인 전문성만이 평가되어 취업에 성공한 사람들이다. 그러다 보니 이 개념 자체가 이해도 안 되는 것이다. 기업은 이 개념에 대한 메시지를 사회에 '인재상'이라는 명목으로 수없이 내어놓았지만 지금도 여전히 30년 전, 40년 전과 같이 '입시, 고시'와 같은 선발유형으로 보는 것이 안타깝기만 하다.

사람 뽑는 사람의 역량은?

그러면 '사람을 뽑는 사람인 인사부 직원'들은 어떤 사람들일까? 특히 학점, 성적, 학교 심지어는 어학점수 등은 어떨까? 필자의 경험으로 일반화하는 '망측함'이 조심스러워서 '괴짜 가설'이라고 표현한다. (주변의 인사부 출신 직원들에게는 조심스럽게 늘 확인을 해 본 것이기는 하다) 이는 '인사부 직원들의 스펙은 별로이다. 스펙 좋은 사람을 싫어한다'는 가설이다. 신입 사원 중에 인사부에서 근무할 인원을 선별할 때의 기준이다.

인사부는 기본적으로 '사람'을 상대하는 직무이다. 신입사원을 뽑아 직원 개개인의 신상 애로점을 들어주는 일에서부터 시작한다. 부서를 배치하여 일 잘하는 인재로 성장시키고, 회사 내 분위기를 만들고, 급여후생 기회를 주고, 모자라는 역량을 위해 교육훈련을 시키는 중도적 성격의 일도 있다.

그러나, 직원들에게 오히려 부담주고 하기 싫은 말을 해야 하는 경우도 많이 발생한다. 부담스러운 일로 직원들과 정면으로 부딪히는 경우도 수시로 발생한다. 부서배치 변경요구, 특정 인물과 근무 못 하겠다고 조치해 달라고 하는 경우, 진급 누락 항의, 연봉 조정 불복, 노조 등 단체 활동에 대응 등이 그런 일들이다. 모든 사람을 만족시킬 수 없는 것이 아닌가?

어떤 경우에는 회사 내 직원 몇 십 명을 인솔하고 리딩을 하는 일도 해야 한다. 그러다 보니 평소에 익숙지 않은 일들로 많은 스트레스에 시달리기도 한다. 사기 진작, 분위기 조성 등을 빌미로 능력과 취미에 맞지 않는 음주 등에도 시달린다. 때로는 직원들의 사고나 사망 사건 등의 뒤처리와 초상初喪 치르는 일도 중요한 업무가 된다.

인사부에 숨은 업무들

이런 상황을 맞닥뜨려서 무난히 대응하기 위해서는 학창시절에 유사한 경험을 많이 한 사람을 필요로 한다. 공부만 한 사람이 아니라는 말이다. 그리고, 인사부에 배치되어 일하다 보면 회사에서 성과를 내는 사람들이 학교 공부나 스펙하고는 무관한 경우를 많이 본다. 심지어는 반대의 결과도 자주 보게 된다.

그때부터 확신을 가지고 말하게 된다. '우리 회사의 인재상은 공부 잘하는 것보다는 인간관계가 원만하며 타인을 내 편으로 만드는 능력 즉, 리더십이 중요하다'라는 말을 서슴지 않게 된다. 그리고, 입사지원서를 볼 때 스펙 좋은 사람은 일단 의심의 눈초리로 꼼꼼하게 살피게 되는 것이다.

즉, 결론은 '인사부 직원들은 성적이나 스펙보다는 사람들과 어울리며 서로를 배려해 주는 것을 좋아하는 사람들이다'라는 것이다.

인사업무의 역량과 희망자들

성적과 스펙이 너무 좋은가? 인간관계 또한 잘할 수 있다는 측면이 보여야 한다. 팀워크를 이루는 활동을 많이 해야 한다. 행동으로 보여야 하며 연습해야 한다. 말할 때는 눈 마주치고, 밝은 표정으로 고개를 끄덕거리고, 상대를 존중하는 실제적인 행동 등을 보완해야 한다.

인간관계는 좋은데 성적이나 스펙이 좀 모자란다고? 그러면, 그러한 성향에 더하여 본인 일에 신중하고 진지하게 집중하는 모습을 보이고 실제로 성과를 만들어 내는 데 주력하라. 어차피 학교성적은 물 건너갔으니까!

그래야 인사부에 잘 보이고, 회사생활이 즐거울 수 있을 것이다.

빨간 사직서 양식의 숨바꼭질: 책상서랍 속 사직서 양식의 양면성

"과장님! 사직서 서식 좀 받으러 왔습니다"

"왜? 회사 관두려고?"

"예! 지금 고민 중입니다."

"그래? 아직 확고한 것은 아니지? 한번 앉아 봐. 왜 관두려고 하지?"

사직의사를 밝히는 직원과 인사과장의 대화는 이렇게 시작이 된다.

사직서를 내는 이유, 즉 회사를 관두고 싶은 이유는 대개가 전직轉職, 유학, 대학원 진학, 가업계승 등으로 정말 다양하다. 그런데 이 항목은 '관두고 뭐 할 건데'에 대한 답이다. 대개가 결정적인 이유는 말하기를 꺼리고 숨긴다. 그런데, 그 이유를 알면 원인을 제거하거나 설득하여 회사에 다시 정情을 붙이게 되는 경우가 많았다. 사직 의사를 면담을 통해 파악해 본 결과 대개가 인간관계의 문제인 경우가 많았기 때문이다.

직속 상사上司의 스타일이나 리더십이 맞질 않아서, 까다로운 고객이나 을의 입장으로 만나는 거래처가 주는 압박감으로, 동료직원이 협조상대이기도 하지만 경쟁관계로 인한 스트레스로, 때로는 부하급 직원임에도 말을 잘 안 듣고 업무처리가 미숙하여 중압감을 받기도 한다.

요즘은 갓 들어온 신입사원에게도 부하급級에 해당하는 직원이 있다. 단순 업무를 하는 특수직업무 종사자들이 그 경우이다. 직접 판단하고 업무지시를 하며 책임을 지게 되는 경우가 비일비재하게 일어난다. 평소에 훈련되지 않으면 버텨내기가 힘들어 신입사원의 이직을 부추기는 원인이 되기도 한다.

사직 의사를 말하는 직원들, 붙들까 말까?

그런데 회사 입장에서는 좋은 인재는 반드시 붙잡아야 한다. 소속 부서의 입장 혹은 회사 입장에서 '붙들지 말지' 빠른 판단을 하여야 한다.

당사자의 근무 성적이나 평판, 성과 등에 대한 조사를 위해 시간이 필요하다. 인사과장과 말 한마디 상담만으로 불편하고 서운했던 마음이 풀어져 일상으로 돌아가는 경우도 많다. 인사과장의 업무에는 직원들이 받는 스트레스를 들어주는 일도 있는 것이다.

그런 목적으로 사직의사를 밝히고 관련서류를 최종 제출하는 과정을 까다롭게 만들어 두었다. 그러면 시간이 지나면서 자연스럽게 해소가 되든가 이후의 정기인사이동으로 부서가 바뀌면서 저절로 해결되도록 일종의 지연 전술(?)을 구사할 수 있다.

그런데, 소속부서에서 사인을 받고 나면 되돌리기가 어려워진다. 소속부서에서 말하기 전에 인사부에서 사직의 의사를 파악하는 단계가 있다면 좀 더 적극적이고 유연한 대처가 가능해진다. 그래서, 사직의사의 처리 절차를 까다롭고 길게 해 둠으로써 시간을 벌며 대처해 나가기도 한다.

인사부에서 지정 서식을 받아 가야 한다

소속부서의 결재, 인사부의 결재, 정식 인사발령으로 CEO의 결재로 이어지는 퇴직처리 절차를 제도화해 두었다. 그러면서 회사의 인사규정에 '사직서辭職書 지정 서식제도'를 두었다. 그 서식이 아니면 사직서로 인정 못 해주겠다고 못 박은 것이다. 퇴직 인사발령을 못 내기에 퇴직금 지급조차도 못 해준다는 협박 아닌 협박(?)을 제도화하였다.

드라마나 영화에서 봄직한 광경으로 흰 백지에 '사직서'라고 써 가지고 오는 것은 인정할 수 없다고 돌려보내기까지 하였다. 작은 서식 하나를 주고받으며 많은 이야기를 나누고 힘든 고비를 넘기고 자기 일에 집중하는 긍정적 효과를 보자는 의도였다.

사직을 마음먹는 단계에서 본인이 인사부를 직접 찾아와 서식을 받아 가도록 한 결과, 의도한 대로 사직자들이 절반 이상 줄었다. 그런데, 시간이 좀 지나니 문제가 생겨났다. 인사부에서 어느 누군가 사직서 서식을 받아 왔다고 하니 옆자리에 있던 사람이 빌려서 빈 서식을 복사해 두는 것이었다. 그러면서 '나도 이제 사직서식을 가슴에 품고 있다'는 것이다. 내가 원할 때는 언제든지 떠날 것이라는 결연(?)한 각오의 상징물로 가지고 있으면서 마음의 위로를 삼는 경우도 있었다. 대책이 필요했다. 고민 끝에 지정된 서식을 색상이 들어간 용지에 인쇄해 두었다. 그것도 빨간 색으로…. 인사과장에게 받아 사무실로 가는 길에서 눈에 띄기 쉽게 하고 복사가 어렵게 만들어 두었다.

영악한 직원들을 돌려 세워라

그랬더니 이번에는 또 다른 숨바꼭질을 하게 되었다. 같은 종류의 빨간 용지를 사 가지고 와서 복사를 하는 것이었다. 아연실색이었다. 그래서 또다시 한번 연구를 했다. 빨간 용지에다 도장으로 일련번호一連番號를 새겨 둔 용지로 변경을 해 두었다. 세상에 하나밖에 없는 용지로 만든 것이다. 그리고, 인사부 내부적으로도 가져간 사람의 이름을 기록해 두며 '직원의 사직의사'에 대한 관심과 좋은 인재를 붙들려는 노력을 돋보이게 했다. 당사자도 인재임을 은근히 추켜 세우는 방법이었다.

이런 작은 노력으로 많은 사람을 '구제'했다. 좋은 직원들이 세월이 지나면서 크게 성장하는 모습을 지켜보게 되었다. 20년 이상의 세월이 지난 지금 내 마음의 한 켠에 작은 자부심으로 남아 있는 일이다.

지금 사직을 만류하고 싶은가? 인사부를 찾아 한번 상담하게 해두라. 인사과장이 진지하게 들어주는 것만으로도 직원들은 희망을 가진다.

'두 얼굴'의 직업병(病): 인사부 업무의 이중성

"교수님! 인사HR업무로 입사지원을 하려고 합니다. 자기소개서 한번 봐주시면 고맙겠습니다. 직무역량 중심으로 썼습니다"라며 부탁을 한다. 앞에 두고 한번 훑어본다. 눈에 들어오는 인사업무 지원 동기는 '사람을 좋아합니다', '구성원의 사기를 올리는 일을 잘합니다', '힘들거나 어려운 사람을 보면 그냥 보고 있지를 못 합니다' 등으로 이어져 있다. 그래서, 한두 가지 질문을 해 본다.

"친하게 지내는 입사동기가 회사 돈을 유용하는 것을 봤다. 어떻게 하겠는가?"

"지하철에서 맹인盲人이 앞에 와서 '한 푼 적선'을 해달라고 손을 내민다. 어찌하겠는가?"

인사관리 업무를 담당하는 사람의 기본 역량을 우회적으로 점검하는 질문이다. 첫 번째 질문은 따뜻함과 냉정함의 양면성을 말하는 것이다. 사람을 좋아하지만 가장 가까운 사람에게 차가워야만 할 상황에 대한 대처를 보는 것이다.

두 번째 질문은 따뜻한 마음을 가지고 있지만 때와 장소를 가리는가를 보는 것이다. 멀쩡한 사람이 동냥을 청한다고 그냥 무심코 돕는 것은 그 사람을 눌러 앉히는 결과를 초래할 가능성이 있을 수도 있다. 그 가능성을 감안한 판단과 답변을 기대한 것이다.

긴 세월 동안 인사업무를 하면서 '짧은 시간에 양극단의 판단을 하는 습관'이 몸에 스며든 '직업병'이 되어 버렸다. 인사부 직원, 인사과장의 숙명이라고 생각하고 지냈다.

두 얼굴을 가진 사나이!

70-80년대에 흑백 TV에서 즐겨 보았던 미국 드라마의 제목이다. 드라마의 남자주인공은 평소에는 평범하지만 위기상황이 되면 옷이 뜯어지고, 괴력을 가진 사나이 헐크Hulk로 변신해 악당들을 물리치는 두 얼굴의 사나이다.

인사 업무 15여 년 동안 해마다 150여 명의 신입사원을 새롭게 만났다. 입사하면 맨 먼저 만나는 회사 대표격의 상징성도 있었다. 늘 신입사원들이 잘 적응토록 따뜻하게 챙겨주려는 마음이 흘러 넘쳤다. 그런데, 조금이라도 기준선을 넘어서면 나도 모르게 잔소리가 터져 나오는 차가운 모습으로 변신해 있었다. 15년을 그런 모습으로 살았고 습관이 되었다.

세월이 지나며 나타나는 또 다른 얼굴

가끔씩 있는 집안 식구들끼리 식사하는 자리에서도 직업병이 나타난다. 대학을 갓 졸업한 조카들도 같이 있다 보면 눈에 거슬리는 광경을 종종 보게 된다. '그러려니 하고 지내자'는 마음과 '아니다. 조언을 해주어야 한다'는 마음이 여지없이 충돌을 일으킨다. 그러나 숨어있던 직업병이 발동이 되어 '조언'이랍시고 하고 있다. 여지없이 와이프에게 야단을 맞는다. "그냥 두지 왜 시키지도 않고 원하지도 않는 일을 하느냐. 잔소리 좋아할 사람이 어디 있겠냐"고…. "평소에는 조카들에게 잘해주고 인기도 좋으면서 괜한 잔소리로 피하고 싶은 사람이 되어 버리냐"는 것이다. 요즘은 이런 경우를 조심하지만 배 떠난 뒤가 되어 있는 형국이다.

그런데, 최근에는 또 다른 일로 고민이 많다. 직장인들 대상의 리더십 Leadership강의 때문이다. 주변 사람들을 부드럽고 감성적으로 대해주라는 말을 자주 하게 된다. 딱딱하게 굴고, 가르치기만 하고, 충고가 일상이 되면 주변에 사람이 없을 것이라는 요지의 강의를 자주 한다. 하지만 내가 실천하지 않으면 강단에 설 자격이 있겠냐는 생각이 스스로를 힘들게 만든다. 아직도 직업병이 속에서 꿈틀거리며 눈에 거슬리는 일만 보이는데….

어제도 같은 방향에 사는 부하직원과 내 차로 같이 퇴근을 했다. 약 1시간여 운전해 가면서 강의 내용을 소개해 준답시고 이런저런 소리에 잔소리를 곁들였다. 내릴 시간이 되어서야 '아차' 하며 머리를 때린다. 좋은 것은 후배들에게 들려주고 전수傳受해야 하겠다는 마음과 구하지 않는 조언에 나서지 말아야지 하는 마음이 충돌한다.

새로운 두 얼굴. 부드럽고 편한 모습과 틈만 나면 잔소리하는 모습! 어떻게 조화를 이룰까? 글을 쓰며 스스로 묻고 스스로 답을 찾아본다.

인사과장의 또 다른 이름 '보직대기자 관리과장': 피하고 싶은 업무 첫 번째

"박 과장님! 빨리 저희 사무실로 와주세요. 저희 상무님께서 급히 찾으십니다."

어느 현업부서 본부장 비서로부터 받은 긴급 전화이다. 보직대기로 인사발령을 받은 직원이 본부장의 집무실에 나타나 이상한 말과 행동을 하고 있었다. 그 이상한 직원의 직급은 대리이니 당시로는 하늘과 같은 상사上司였다.

"김 상무(가칭)! 담배 하나만 주라. 그리고, 고향에 다녀오려고 하는데 차비 좀 줄래?"라는 등이었다. 경천동지驚天動地할 일이다. 대리가 상무한테 반말을? 담배 달라고 '맞짱'을? 그리고 돈도 달라고 명령조로?

보직대기라는 숨겨진 조직

직장생활을 해본 사람만이 아는 비밀 보직이 있다. 보직대기자를 모아두고 관리하는 자리이다. 평상시 근무하던 부서에서 제외시키며 인사부로 소속을 바꾸어 다음 보직을 위해 대기하는 직원이라는 의미이다. 그 기간 동안은 인사부로 출근하고 인사과장이 직접 챙기는 인원이 되는데, 인사과장 재직 때 가장 큰 고충이자 안쓰러움이 함께하는 역설적인 업무였다.

보직대기로 발령을 받는 원인이 몇 가지 있다. 많은 경우는 부서장이나 소속 직원들과의 부조화나 직무 부적응의 경우이다. 그런 일이 생기면 대개가 본인이 사직하고 회사를 떠나는 편이나 일부 인원은 새로운 기회를 찾는다. 인사부로 소속을 바꾸어서 인력을 요청하거나 인사과장이 적합한 자리를 찾아주는 경우이다. 실제 그 작업은 고충이 많이 따르는 일이었다. 현업부서에서는 한 부서에 적응 못 한 사람은 다른 부서에 가서도 다르지 않다는 믿음이 있기 때문이었다.

안쓰러운 경우는 돌출행동을 하는 경우이다. 심리적 이상 증후를 보이며 정신 쇠약 현상을 보이는 경우다. 선천적 요인이 있는 경우, 본인 업무에서 과도하게 스트레스를 받아 나타난 경우이다. 같은 업무를 하는 다른 사람을 보면서 이상여부를 판단하게 된다. 소속부서에 두면 전체에 지장을 주니 인사부에서 직접 관리하며 챙기는 인원이 된다.

늘 5-10여 명의 보직대기인원을 관리하는 '보직대기자 관리과장'이 되어, 매일 아침 출근과 하루의 일과를 챙기게 된다. 당장 일이 없는 사람들임에도….

보람과 안타까움의 교차

일 없는 사람을 정시 출근시키는 것이 '조금 너무하지 않느냐?'는 말도 많았다. 그러나, 그러지 않으면 자리가 날 때 본인의 의향을 묻거나 필요한 부서 책임자와 미팅을 주선하는 것이 차질이 생길 문제가 있다. 출근 자체를 배제하면 인간의 나태함을 조장하는 부작용도 우려가 된다. 더 중요한 것은 본인 스스로 새로운 보직을 찾아보는 노력도 적어지는 현상이 생긴다. 그래서, 출퇴근을 엄격히 관리해 왔다.

보람과 안타까움으로 기억에 남는 3가지 사건

정말 안타까운 경우도 있었다. 보직대기 직원 중 한 명이 토요일에 쉬고 싶으니 허락을 해달라는 것이었다. 당시는 토요일 오전 근무를 할 때이다. 간곡히 요청을 해서 그렇게 해주었다. 그런데, 친구들과 낚시를 갔다가 실족失足을 해 바다에 빠져 사망을 하였다는 비보悲報를 들었다.

또 한 명은, 무전취식으로 파출소에 잡혀 있었던 경우다. 출근을 하니 경찰서에서 전화가 왔다. 후견자로서 오라는 것이다. 보직대기자가 술을 먹고 돈을 내지 않은 것이다. 집에 연락하기는 민망하니 나를 연고자로 알려주었다는 것이다. 경찰에게 전후의 사정을 핑계로 대고 술값을 치르고 훈방 조치를 받았다. 대기업의 인사과장이 직접 와서 사과하고 돈을 지불하는 것이 통하던 시절이기도 했던 것이다.

또 한 명은 이 글의 처음에 말한 경우이다. 신경 쇠약으로 엉뚱한 일을 벌이는 직원이라 보직대기 발령을 낸 것이다. 근무시간 중에 특별한 일이 없으면 배회를 하는 편인데, 그날은 모시던 본부장을 찾아가 무례한 일을 한 것이다. 약 2년간을 통원 치료를 받으며 챙겨도 회복이 되질 않아 결국은 가족들과 상의를 하여 회사 생활을 마감하였다.

보람이라는 것은

적합한 부서를 찾아 무난히 회사생활을 해내는 경우 보람을 느낀다. 보직대기 기간 중에 전체 부서의 업무와 팀장의 스타일을 잘 헤아려 마침 사람이 필요하다는 시점에 자리를 잘 찾은 경우다. 그런데, 여러 차례의 노력에도 맞추지 못하는 경우가 문제다. 그때는 본인의 용단勇斷을 설득한다. 그러면서 '당신 스타일은 우리 회사와 맞질 않다. 능력이 있다는 것은 내가 안다. 새롭게 시작하는 것이 좋지 않느냐? 라며 사직辭職을 권유하는 것이다. 안타까운 경우이다. 인사과장 4-5년간 줄잡아 20여 명을 그렇게 마무리하였다.

그나마 관둔 이후에도 적은 힘이라도 보태는 노력을 했다. 외부에서 정기적으로 만나던 다른 회사들의 인사담당자 모임에서 소개하며 취업 알선을 하곤 했었다. 이후에 가끔씩은 전화 통화도 하면서 안부를 묻기도 하였다. 대개가 새롭게 자리 잡은 회사에서 잘 지냈다고 한다. 그나마 작은 보람을 느끼기도 하였지만 슬픈 이야기였다. 밝히기 싫은….

신임 중학교 교사의 경위서와 꿈꾸는 강의장의 모순: 교사라는 직업에서 좌초한 이야기

중학교 2학년 국어교과서 내용 중에 나온 문장이다.

'아버지께서 기분이 좋으셔서 "하하하!"하고 너털웃음을 웃으셨다'

그래서, "웃음을 표현하는 것을 찾아보자"고 하며 나열해 나갔다.
학생들은 앞다투어 손을 든다. "하하, 호호, 후후, 흐흐, 크크, 흑흑, 허허, 키득키득…"

"어떤 경우에 이런 표현을 사용하지요? 한번 생각해 봅시다"
모두가 참여하며 재미있게 수업을 했었다.

중학교 국어교사로 독특한 방식의 수업을 했던 기억이다. 38년 전의
일이다.

중학교 국어 교사의 직업

나는 사범대학을 졸업하자마자 서울 동대문구에 있는 여자중학교 선
생님을 했었다. 과목은 국어와 한문. 단 2개월 근무하고 군에 입대를 했
다. 장교 복무 39개월 후에 전역하며 진로를 바꿨다. 결과적으로 사범대
학을 나오고도 2개월만 선생님을 한 셈이다. 그 2개월 동안 중학교 2학
년 4개 반을 맡아 매주 3시간씩 '국어'수업을 했다. 위의 내용은 그 수업
시간 내용의 일부이다. 재미있게 해주고 싶었다. 잘 따르고 좋아했다.
그런데, 1개월여가 지난 4월 중순에 중간고사를 시험을 치고 나니 충
격적인 일이 일어났다. 내가 가르친 반의 평균점수가 다른 반 평균점수
보다 무려 10점 이상이나 적었다. 학교가 난리가 났다.
이유를 찾아보았다. 한 학년이 15개 반이다 보니 나를 포함한 4명의
교사가 나눠서 과목을 가르쳤고 시험문제는 공동 출제였다. 다른 선생님
들은 문법, 비유법, 발음법칙 등에 중점을 두고 가르쳤다. 나도 당연히 표

준 지침에 의거 가르쳤으나 시간 배정이 조금 적었다. 그러면서 재미를 더한다는 취지로 남다른 것을 추가하다 보니 다른 반은 배우지 않았던 것이라 시험문제에서도 배제되었다. 그 차이만큼 점수가 떨어진 것이다.

학교에 성적 불량 이유를 소명(疏明)하고 경위서를 제출했다. 한 점 부끄러움은 없었지만 학생들에 대한 미안함은 때늦은 일이었다. 그달 말에 휴직계를 내고 5월 1일부로 군에 입대했다. 여하튼 학생들은 좋았는지 군대 3개월 훈련기간 동안 300여 통의 위문편지를 받았다. 동기생들에게 최고의 부러움을 샀었다. 그러나, 그 일은 교사직을 관두는 데 동기가 된 작은 사건이었다. 최초의 직업을 버린 일이었다.

직업을 갖는다는 것과 가치 창조

내가 선택한 직업에서, 소속한 조직에서 해야 할 일이 무엇인가를 질문해 본다. 새로운 가치를 만들어 내는 것이다. 그런 판단으로 남다르게 사는 데 주력했다. 중학교 교실에서 일어난 최초 직업전선의 일은 그렇게 해프닝으로 끝났지만 많은 고민을 갖게 하였다.

기존에 해 오던 방식을 넘어 새로운 시도를 해 본다는 것! 당장은 좋아하고 효과는 있지만 또 다른 측면에서 예상치 못한 반대의 결과가 나온다면? 그리고 당사자들에게 불이익을 주는 일이라면? 정답을 찾을 수는 없었지만 좀 더 신중해지는 계기가 되었다.

군 전역을 하며 교사직 복직을 포기하고 '대우'라는 이름의 회사를 선택했었다. 결과적으로는 가르치는 직업을 걷어찬 것이었다. 덕분에 당시 국립대학교 사범대학에 등록금 일부 지원으로 부과된 교사 복무 의무 기간 4년을 못 채워 지금은 교사자격증도 없는 희한한 위치에 서 있다.

다시 돌아서 같은 종류의 고민을…

기업에서 인사관리 업무로 20년을 지낸 시점에 다시 강단에 서기 시작했다. 대학교의 실용과목이었다. 취업역량강화를 위한 교과목이나 특별강의였다. 그러고는 15년의 시간이 지났다. 여전히 교육을 통해 새로운 세상을 꿈꾸고 있다. 수강생들이 좀 더 쉽고, 좀 더 재미있고, 좀 더 동기부여가 되도록 하는 것이다.

첨단 세상으로 바뀌는 중에도 학생들은 강의를 혐오대상으로 보는 듯하다. 시작과 동시에 눈을 감는다. 한국 교육의 가장 큰 문제로 생각해 왔다. 새로운 강의 방법의 시도는 한때 몇몇 대학교 교과목에서 빛을 발했다. 성과도 많았다. 좀 더 보급하지 못한 아쉬움은 있지만 보람되었다.

이제는 그 노력들을 해외취업과 성공을 꿈꾸는 청년들 교육에 이어가고 있다. 그런 교수법의 책도 한 권 만들어 보급하고 싶다. 대한민국 청년들의 가능성 때문이다. 신바람나게 만들어 주면 세상 무서운 줄 모르는 한민족 DNA가 있기 때문이다. 스스로 존재감을 가지고 글로벌 영역에서 자기개발하고 주도적으로 살아가도록 해주고 싶기 때문이다.

교사를 관둔 것에 대한 후회는 없다. 그러나, 중학생 때는 교사의 영향력을 가장 크게 받는 나이라는 생각이 든다. 그 자리를 내어놓은 것은 못내 아쉽다는 생각이 든다. 사람을 변화시킨다는 것, 직업 세계에서 최고의 가치로 생각하기 때문이다.

임금님 귀는 당나귀 귀:
직원들의 부조리와 인재 이탈의 방어

'과장님! 우리 사무실에 김모 부장이 리베이트를 받아 개인 착복을 합니다.'

어느 부서의 한 직원이 내부의 비리를 인사과장인 필자에게 알린 것이다. 이런 종류의 신고나 투서가 해마다 1-2건씩 있었다.

"전무님! 정말 유능한 디자이너가 있는데 사직을 하겠다고 합니다. 좀 말려주세요."

중소기업에 재직할 때 20여 명의 패션디자이너 중 대리급 직원 한 명이 관두겠다고 하니 붙들어 달라고 하는 디자인팀장의 하소연이다.

인사업무를 하며 접하는 가장 곤혹스런 두 가지 경우이다. 어디 말해서도 안 되지만 지혜롭게 풀어야만 하는 일이다. 그 마음을 그리스신화에서 찾아보았다. 우리나라 삼국유사에도 유사한 동화가 있다.

임금님 귀는 당나귀 귀! 그리스 신화에 나오는 미다스 왕 이야기이다. 미다스 왕은 아폴론의 저주를 받아 귀가 길어져 수건으로 감추고 살았지만 이발사에게는 감출 수가 없었다. 그러나, 희한한 모습을 본 이발사는 발설하지 못하게 엄명을 받은 상황이라 말을 못해 병이 날 지경에 이르렀다. 견디다 못해 갈대숲 구덩이에 입을 대고 "임금님 귀는 당나귀 귀"라고 외치자 속이 후련해져 병이 나았다. 그러나, 바람만 불면 숲에서는 "임금님 귀는 당나귀 귀"라는 소리가 흘러나와 백성 모두가 알게 되었다며 이야기는 끝이 난다.

몇 가지의 교훈이 있다.
하고 싶은 말을 못 하면 병이 되지만 말하고 나면 낫는다.
진실은 숨겨지지 않는다.
귀가 커 이상한 모습을 숨기기보다는 남의 말을 귀담아 듣는 장점으로 승화하면 해결될 문제라는 의미도 있다.

업무와 사람을 감안한 적정 윤리 수준

인사부 일을 하다 보면 임원, 직원들의 크고 작은 흠·허물과 부정한 것까지도 접하게 된다. 인사부의 주요 업무에는 직원들의 상벌처리과 근무기강 관리 업무가 있다. 뿐만 아니라 인사이동, 인사평가, 보직변경 등의 업무를 하다 보면 반드시 해당 임원, 직원에 대해 많은 이야기를 들을 수밖에 없게 된다.

인사부 근무자의 고통이다. 일방적으로 듣고만 있을 수는 없는 노릇이다. 나름대로 조사하고 판단하며 시시비비를 가려야 하고 조치여부를 결정지어야 한다. 대개가 인사부 내에서 의논해 처리해 나간다. 혼자 담아두면 큰 병이 되고 제때 보고하지 않으면 업무 소홀이나 배임이라는 죄목이 붙게 되는 것이다.

15년을 일하며 나름대로 지혜롭게 대처해 왔다고 생각한다. 일의 중차대함으로 받는 스트레스가 커서 그랬는지 모르지만 지금도 길 가다가 당사자들을 만나면 바로 머릿속에 당시의 상황이 복기復記가 된다. 직업병인가 보다.

사직 만류를 위한 가정방문과 24시간 동행

주변의 좋은 평評으로 회사를 떠나는 것을 반드시 막아야 하는데 소속 부서에서는 더 이상 방법이 없어 인사라인에서 조치해 달라고 부탁 아닌 협조요청을 받은 경우이다. 두 가지의 경험을 소개한다.

하나는, 인사과장 시절에 비슷한 또래의 다른 부서 과장이 사직서를 들고 나타났다. 사정을 들어보니 상사上司가 문제라고 판단이 되었다. 다행인지 불행인지 그 상사는 리더십에 문제가 있다고 주변에도 소문이 나 있었다. 본격적으로 만류하는 작업에 들어갔다. 점심식사에 잘 가라는 명분의 작별주酒로 소주잔을 걸쳤다. 그런 중에 '내년이면 부장님은 다른 부서로 갈 확률이 있다. 그게 안 되면 당신을 다른 부서로 보내주겠다. 더 윗분들이 당신을 좋게 보고 있더라'는 감언이설(?)로 24시간을 이어갔다. 저녁밥, 아침밥도 같이 먹고 근처의 휴식공간에 찾아가 잠도 같이 자며 서서히 그리고 집요하게 물고 늘어졌다. 그러고는 보는 앞에서 사직서를 찢으며 눌러 앉히는 것으로 마무리했다. 이후 승승장구하며 회사의 소중한 인재로 20여 년간을 더 다닌 모습을 지켜보았다.

또 하나의 경험은 중소기업 전무로 있을 때 유능한 디자인담당 직원이 관둔다고 팀장이 울상이 되어 찾아왔었다. 당사자를 만나 여러 이야기를 나누며 만류해도 잘 되지 않았다. 그러나 대화를 하다 보니 부모님에 대한 효심이 높다는 것을 알게 되었다. 그래서, 디자인팀장과 같이 전격적으로 그 직원의 집을 찾아갔다. 부모님과 당사자를 같이 만나 여러 측면의 이야기를 나누며 만류해 나갔다. 결국 사직서를 회수했고 3년여를 더 다녔다. 부모님의 도움도 컸다.

나의 스트레스는?

인사과장으로서 접하는 고민과 고충은 고스란히 '나의 스트레스'가 되었다. 함부로 발설하는 것은 윤리적으로 문제가 되기도 한다. 그렇다고 해소하지 못하면 나의 병이 될 것은 뻔한 상황이었다. 임금님 귀의 이발사가 병에 걸린 것처럼…. 운동으로, 간단한 취미생활로, 약간씩의 일탈로 세월을 보내며 지금에 왔다. 다행히 주변에서 좋았던 기억으로 남아 있다는 말 한마디를 들으면 큰 위안이 된다. 세월의 힘인가 보다.

거북선과 '느그 아버지'의 전설:
채용절차법 유감(遺憾)

많은 사람이 알고 있는 정주영 회장의 일화가 있다. 현대조선소 지을 돈을 빌리려 영국의 은행을 설득하기 위해 500원짜리 지폐 속의 거북선 그림으로 배를 짓는 조선업에 대한 역사적 우수성을 설명하며 성공했던 이야기이다. 기업인이 사업을 개척해 나가는 도전정신을 일깨우는 교훈으로 유명하다. 비즈니스맨의 전형을 보여준 것이다. 누구나 생각지도 못한 소재, 불리할 것만 같은 환경을 뒤집는 발상의 전환이자 가진 것 없던 시절의 쾌거였다.

그런 모티브가 되는 발상법의 뿌리를 잘라버리는 법률이 지난 2019년 7월 17일에 발효되었다. '채용절차법'(채용절차의 공정화에 대한 법률)이다. 공공기관이나 금융기업의 채용 비리 악취가 천지를 진동할 때 만들어지며 청년의 눈물을 닦아준다는 명목으로 강력한 처벌조항도 두고 있다. 그리고, 신정부 이후에 강력하게 시행되는 블라인드채용의 법적인 토대가 되었다. 이미 공공부문에 적용되던 것을 이번에는 민간 기업까지 적용을 확대한 것이다.

일반기업의 속성을 모르는 무지(無知)의 산물

법에서 기업의 채용전형 때 지원자에게 묻지 말라는 것을 규정한 것

몇 가지가 있다. '결혼여부, 가족 직업과 재산, 신체조건' 등이다. 이 질문을 기업입장에서 왜 물어보는지 알고 입법하였는지 모르겠다. 면접이라는 제도가 긴 세월동안 필요에 맞춰 발전되며 이와 같은 항목을 점검하게 된 것이다. 기업활동의 기본으로 쓸데없는 말, 시간은 전부 돈의 낭비이기도 하다.

　하나하나 따져 보겠다. 미리 말하지만 '범죄 수준의 몇몇 사건들'을 가지고 판단하지 않으면 좋겠다. 우리 사회의 정책당국자들은 지극히 예외적인 사건들을 기준으로 규정을 법제화하고 있다. 최근의 채용특권 사건은 대개가 공기업이나 공기업성격의 회사(통신회사, 금융회사 등)에서 일어난 것도 눈여겨볼 대목이다.

　첫째로 결혼여부와 부인의 직업문제이다. 새롭게 들어가는 회사의 근무에 근무 예정 지역, 근무지 이동의 유연성, 가족 구성으로 생긴 책임감 등에 결정적인 영향이 있다. 여성 지원자의 경우도 결혼, 자녀 유무에 따라 출장이나 근무시간이 유동적인 경우도 있을 수가 있다. 맞벌이 여부 자체를 어떻게 보느냐는 사람마다 다르고 회사마다 다른 기준이 있을 수 있다. 참고로, 종합상사의 경우는 해외주재 근무(4–5년) 등에 있어서 '결혼'은 필수 조건이다. 새로 뽑아 바로 해외로 내보내려면 반드시 결혼여부나 계획 등을 알아야 하는데 물어볼 수 없다. 범죄행위가 되어버리기 때문이다.

　둘째로 부모의 직업이다. 요즘 같은 핵가족시대에 부모님의 직업과 삶의 태도는 자녀들이 거의 완벽하게 닮아간다. 다른 롤 모델이 없다. 학생들에게도 물어보았다. "친구들 부모님 직업이 당사자의 삶에 대한 태도, 세상을 보는 눈, 가치관 등에 영향을 준다고 보는가? 아닌가?"라고. 그러면 어김없이 "많은 영향을 받습니다"라고 답한다. 그런데, 취준생들은 부모님 직업을 묻는 것이 가족의 귀천貴賤을 따지고 권력여부를 따지는 것으로 지레 짐작하며 착각을 한다.

아버지의 직업이 '택시운전사'인 경우를 예를 들어본다. 그냥 '사업'으로 기재하는 경우가 다반사다. 따져 물어 들어가면 '사업−운수사업−택시−택시운전'으로 숨기면서 답한다. 이런 태도를 보이면 대개가 마이너스 점수를 준다. 그런데, 택시기사 자체를 가지고 나쁜 평가를 받는다고 착각한다는 것이다. 그러나, 처음부터 당당하게 기재하며 "빨리 취업해 아빠를 돕고 싶다"고 하면 측은지심이 발동하면 좋은 평가를 받을 수도 있는데….

셋째로 부모님의 재산에 관한 것이다. 대개의 기업은 관심이 별로 없다. 재산이 없다고 해서 전혀 문제가 되질 않는다. 그러나, 금융관련 업종은 당연히 관심이 갈 수 있다. 채용되면 부모님 자산이 취업한 회사로 '예치'될 가능성도 있기 때문이다. 그러나, 경쟁자와 비슷비슷한 상황이라면 관심을 가지는 것이 인지상정일 것이다. 지원자의 자질이 형편없는데 그것을 보고 당락에 영향을 준다고 뭘 모르는 생각을 한 것이다. 그럼에도 필자 입장에서는 '삭제'에 동의는 하지만 이것을 법으로 정한다는 것은 넌센스라 본다.

넷째로 신체조건에 관한 것이다. 키, 몸무게의 항목을 없애자는 것은 동의한다. 만나서 직접 보면 추정이 되는 것이니까. 중요한 것은 왜 그런 것에 관심을 가지는가를 알아야 한다. 골격자체가 크고 작은 것은 태생이나 유전적 요인으로 감안한다. 그런데 키와 체구, 체중의 '균형'을 보았을 때 균형이 깨어져 있으면 분명히 '비호감'으로 평가를 한다. '절제력과 인내력'이 문제가 있다고 보는 것이다. 마시멜로 효과를 생각해 보면 된다. 당장의 먹을 것을 참으며 다음을 생각하는 사람이 성과가 좋다는 심리연구결과를 활용하면 죄가 되는 것인가?

제일 중요한 것은 유불리한 조건의 전략적 활용

마지막 중요한 것은 본인이 어찌할 수 없는 요인들을 극복하려는 노력과 자세이다.

기본적으로 정부나 공기업은 법률과 규정 테두리 내에서 일을 한다. 창의성이나 새로운 발상은 필요하지도 않으며 오히려 혼선을 일으킨다고 보는 경우가 많다. 직원의 성장배경이나 나이, 신체조건에 관심을 가지 이유도 없다.

민간 기업도 그런 종류의 직무가 있다. 프로세스에 의해 밀려서 하는 업무, 주어진 한계가 있는 업무 등이 그런 것이다. 제품을 조립하는 라인의 업무, 고객이 주문하면 무조건 해야 하는 캐셔 업무, 청소업무, 밥 짓는 업무 등이 그런 것이다. 전문용어로 '직무급'을 받는 직업이다.

그러나, 기업의 일은 대개가 자율성이 상당히 주어진다. 그래서 생산성이라는 용어가 등장을 하며 시간당 작업량, 매출액 등의 성과로 비교하며 보다 많은 일을 보다 효율적으로 하느냐를 보는 것이다. 스스로 새로운 방법을 찾는 노력을 하면 더욱 좋은 것이다. 이런 상황에서 지원자가 자율적으로 주어진 업무 혹은 좀 더 많은 성과를 위해 찾아서 일을 하고 발전시킬 사람이냐를 가늠하는 데에 본인의 성장배경이 되는 데이터는 무척이나 유용한 것이다.

가장 중요한 관점 - 전략적 사고의 포기

누구나 수많은 개인정보를 가지고 있다. 태생적으로 혹은 후천적 노력으로 만들어진 개인의 바이오 데이터를 가지고 본인의 가치를 설득하는 것이 우수한 인재이고 면접은 그런 것을 보자는 것이다. 심지어는 필요에 따라 가족, 친구, 인맥, 친구, 군대동기, 동창 혹은 조상님까지도 상대를 설득하는 데 써먹을 줄 알아야 한다. 정주영 회장같이 불리한 조건조차도 뒤집어서 전략적 도구로 쓸 수 있는 사람이야 말로 최고의 인재인 것이다.

필자도 한때는 '대우그룹'출신이라는 것이 재취업이나 강의를 할 때 불리한 조건이었다. 그런데 써먹기에 따라서 좋은 도구가 되었다. '잘 나가다가 빠진다'는 내 고향 '삼천포' 출신이라는 것도 뒤집으니 장점이 되었다. 상대의 기억에 남기는 차별화 포인트가 되었다. 초등학교 3학년때 아버지가 돌아가셨다. 그래서 기억도 없다. 그래서 더 아빠다운 삶에 대한 노력을 경주하였고 어디가든 어필이 되는 경험을 많이 한다. 이런 불리한 조건을 예로 들면 끝도 없다.

정작 피해자는 누구일까?

정치인들이 돌보겠다는 취지로 만든 이 법으로 인해 정작 누가 피해를 볼 것인가? 취약 계층이다. 스펙이 부족한 사람이다. 인생의 맛을 뒤늦게 아는 사람들이다. 뒤집을 기회가 갈수록 줄어들기 때문이다.

두울,
사람과 사람:
직장은 지옥이고 전쟁터일까?

기업과 현장에서 일하며 대학교 교과목 1-2개를 맡아 강의하는 '겸임 교수'를 하고 있다. 취업이 힘들다는 2004년부터 15년여 넘게 하고 있다. 대개가 취업, 진로 등의 교과목이지만 기업에서 경험한 것을 토대로 대학생의 체질을 바꿔보겠다는 각오로 '생존학', '필살기' 등의 애칭도 붙여 본다.

지난 2018년 1학기 초인 3월, 과목을 개설하며 '취업전략과 커뮤니케이션'으로 이름을 붙였다. 60명 정원으로 준비했으나 최종 수강 신청인원이 11명으로 강좌 개설요건인 최소인원 15명이 안 되어 '폐강'되었다. 전년도에 이어 두 번째의 일이었다.

과목 개설 협의 때, 행정부서에서는 매주 화요일 혹은 금요일 오후를 권하였다. 그래야 다수의 학생들이 들을 수 있고 정원이 찬다는 것이었다. 그러나, 평소 생각이 있어 월요일 오전 9시로 고집스럽게 진행을 했다가 낭패를 당했다.

취업 훈련 교과목과 월요일 1교시의 의미

단순히 월요일 오전 9시라는 강의계획서를 보고 40여 명이 학생이 수강 신청을 해왔다. 첫 오리엔테이션 시간에 이 과목의 의의를 취업 경쟁력 차원의 설명을 해 주었다.

"월요일 1교시(오전 9시) 혹은 좀 당겨서 월요일 0교시(오전 8시)로 수업을 진행하면 좋겠다. 한 주간의 첫 시간부터 긴장감을 불어 넣으면서 1주일을 지내면 그 자체로 직장인과 유사한 습관이 몸에 배게 된다. 그리고, 남보다 1시간 정도 먼저 움직이는 것을 몸으로 느껴 보게 된다. 많은 것들이 눈에 들어오게 될 것이다."

그리고, "사람마다 스타일이 다르니 아침형이 반드시 좋다고 할 수는 없다. 그러나, 대학생활 8학기 중 한 번 정도는 이런 경험을 해 보아라. 이런 아침형 활동이 부담스러우면 취업하고 싶은 직장도 다르게 생각할 필요가 있다."

"제일 중요한 것은 대개의 대기업 면접이 오전, 특히 이른 아침에 이루어진다는 것이다. 그 시간에 눈을 똘망똘망하게 해 두면 첫 인상부터 호감을 주는 좋은 훈련법이다."

순식간에 빠져나가는 수강취소인원

이런 취지를 설명하고 수강신청 변경기간 동안에 지켜보았더니 서서히 줄어들기 시작해 결국은 11명만 남았다. 행정부서의 교직원이 '폐강'이라고 통보를 해 주었다. 그러면서 "제가 뭐라고 했습니까. 월요일 아침 학생 모으기는 정말 힘든 일입니다"라고 핀잔 아닌 핀잔을 주었다. 그래도, 내가 가진 기대는 3,000명이 넘는 졸업예정자 중 1,000명 정도의 대학원 진학과 군대 입대 인원을 제외하더라도 2,000여 명 중에 설마 20-30명 못 채우겠느냐는 것이었다. 하지만 호기가 무너졌다. "취업준비를 한다", "취업이 안되어서 헬조선이다"라고 하면서 정작 편한 것만 찾는 것이다. 정말 씁쓸했던 기억이었다.

더 안타까운 일은 15년여 전부터 매년 이런 방식으로 수업을 해왔다는 점이다. 앞에서 언급한 학교와는 다른 학교이지만 한 시간 더 빠른 월요일 아침 8시 수업에도 매학기 80명이 꽉 찼었다. 학교는 다르지만 세월이 지나며 이런 분위기가 없어져 버렸다는 위기감이 더 허망했던 것이다. 이런 분위기가 전국 대학교가 비슷하다는 담당 교직원들의 설명도 머리를 치는 것이었다.

글로벌 10대 강국에서 생존 습관 만들기

굳이 학생들에게 이런 습관을 강권하는 것은, 학생들의 다양한 경험 측면이나 아침 일찍 일을 시작하는 부지런함을 요구하는 것뿐만이 아니다. '세계시간대WORLD WATCH' 측면에서도 시장이 문을 여는 시간이 우리나라가 제일 빠르다는 구조적 여건의 활용 측면도 있다. 금융, 선물, 시장동향 정보나 남보다 한 걸음 빠른 시장 접근의 습관화는 초秒를 다투는 글로벌 시장에서 적응하기 위한 가장 중요한 덕목이기 때문이다.

성공한 사람들의 시간사용 패턴, 인문학에서 보는 많은 인물들의 습관 중에는 '아침형'이 대다수를 차지한다는 교훈도 꼭 귀담아 들었으면 좋겠다.

내가 일하는 대우세계경영연구회에서 매년 200여 명 뽑아서 동남아에 보내는 Global YBM 과정은 합숙교육을 하며 매일 아침 5시 30분에 기상하여 운동을 통해 몸을 깨우고, 같이 어울리면서 혼을 깨운다.

그런데, 같이 시작하면 너무 잘한다. 한 달 정도만 지나면 부모님들조차 신기하게 생각할 정도로 학생들이 변하고 적응도 잘한다. 고등학교 때도 비록 억지지만 새벽부터 활동했던 좋은 습관이 대학을 통해 철저하게 무너지는 모습을 보며, 대한민국의 '미래'를 걱정하는 것은 너무 과잉 우려일까?

PASSION은 PASSION이다:
열정은 고통이다. 그리고, 돈이 되는 원리

인사Human Resources업무 당당자로 15년, 실제 경영 5년, 강의로 15년을 살아온 경력을 바탕으로 직장인의 모습을 한번 돌아보려고 한다. 실제 40대 초반에 '나의 50대 이후의 미래'에 대해 생각하며 스스로 실천하며 발전시켰던 경험도 있다.

남녀노소, 동서고금을 막론하고 가장 가슴을 뛰게 하는 단어가 있다면 '열정Passion'일 것이다.

'열정'이란 무엇일까? 다양한 답이 나온다. 대개는 내가 하고 싶은 것을 내 마음이 시키는 대로 하는 것이라고 한다. 그러다 보니 눈부신 젊음의 전유물 같이 생각하기도 했다. 뭐든지 한번 마음먹으면 반드시 이루고 말겠다는 투지 등을 말한다고도 한다.

실제 구글에서 '열정' 단어로 검색하니 4천만 개의 뮤거이 나온다. 'Passion'으로 검색하니 10억 7천만 개가 나온다. 인터넷 교보문고에서 '열정'을 검색하니 책 제목만으로 2,200권이 나온다. 아마존서점에서는 8만 권이 검색된다. 그만큼 많이 쓰고 관심이 있는 단어이자 우리의 가슴을 뜨겁게 하는 단어이다.

열정의 또 다른 의미 - 고난, 수난

기독교에서 가장 큰 절기이자 역사적 사건은 부활절이다. 예수님이 십자가에 못 박히기 직전의 1주일간을 고난주간이라고 하며 그 모습을 그린 영화가 있다. 미국의 멜 깁슨이 감독이 되어 만든 'The Passion of The Christ'이다. 뭐라고 번역하면 좋을까? '예수의 열정'이 아니다. '예수의 수난, 예수의 고난'으로 번역하는 것이 맞다. 라틴어 'PATI(견디다)', 'PASSO(고통)'에서 왔다고 한다.

예수님의 고통은 실제 우리가 아는 한 인간이 당할 수 있는 인간으로서 가장 큰 고통이다. 십자가에 못 박히고 가시면류관을 쓰고 허리를 창으로 찔리는 고통이다. 여기에 더해 십자가에 달린동안 정신적인 모욕을 가장 크게 당한다.

누구나 바라고 좋아하는 '열정Passion'이 가장 피하고 싶은 '고난, 수난 Passion'이라니? 정말 아이러니다. 가장 격정적인 뜻 두 개가 동전의 양면 같이 맞닿아 있는 것이다.

열정은 목표이다

그런 의미에서 '열정'이란 단어를 '목표, 목적'으로 대체하고자 한다. 즉 열정은 단순히 단기적, 찰나적으로 하고 싶은 것을 추구하는 모습이나 스타일이 아니라 '일생을 걸고 성취하고자 하는 올바른 목표, 목적을 설정하고 그것을 달성하기 위해 모든 가용 자원Resources을 총동원하여 집중'하는 것으로 정의한다. 그런 의미에서 차분하고, 냉정하며 때로는 조용한 모습이지만 '열정'적으로 사는 경우도 있을 수 있다.

목표를 달성하기 위해 많은 것을 희생하고 고통이 따른다는 점이 열정의 진정한 의미이다. 장애물을 극복하는 과정에서 고통이 따르는 것이 당연하다. 자기의 쾌락이나 여유는 뒷전에 두는 남다른 삶을 사는 것이다. 그런 의미에서 열정적인 삶은 다음과 같다는 결론에 도달한 것이다.

'올바르고 남다른 목적,목표를 달성하려면 고통은 당연히 따라오는 것.'
'고통이 없는 목표는 진정한 목표가 아니라 말로만 하는 것이다.'

새로운 직업의 열정

주변에 "무엇을 가르치세요? 무슨 강의하세요"라며 질문하는 사람이 많다. 특히 기업에서 일하며 정년을 앞둔 사람들은 부러움으로 물어본다. 아직 이 나이에 왕성하게 활동하고 대접받는 모습을 본 것이다. 특히, 정년을 맞아 퇴직하는 사람들에게는 영원한 로망Roman이라고도 한다. 그러면 이렇게 주섬주섬 답하곤 한다.

'리더십, 성과관리, 목표관리, 커뮤니케이션, 기획문서 작성법, 창업시뮬레이션, 창의성, 문제해결, 인문학, 신중년의 삶…그리고, 몇 개의 칼럼 쓰기 등등…'

"어떻게 그 많은 것을 다 하세요?"라고 놀란다. 흔치 않은 경우인 모양이다.

"실제 다 해 본 업무경험이 기반이다. 남들이 피하는 궂은일들을 피하지 않고 열심히 한 것이다. 결국은 피하고 싶었던 업무 경험들이 '돈'이 된 것이다."

직장생활에서 몸으로 마주친 현장의 경험들이 강의의 주제가 되는 경우가 많다. 내가 하기 싫으면 다른 직장인들도 하기 싫은 것은 자명自明한 이치였다. 그러니 강의 의뢰가 많은 것이었다.

강의 준비 때 부족한 이론을 채우기 위해 책을 사 보고, 다른 사람의 동영상 강의를 보며 보완하였다. 거기에 남다른 차별화를 위해 다양한 게임이나 놀이도 접목해 보았다. 영화나 드라마도 관련 있는 부분이 나오면 두 번 세 번 돌려보며 편집하여 활용도 하였다.

남들이 가지 않은 길의 고통

결론적으로 말하면 남들이 가지 않은 길을 갔다. 당연히 힘들고 고통스러웠다. 가족에게도 보통 걱정을 준 것이 아니다. 특히, 잘나가던 40대 중반에 중소기업의 2인자의 자리를 박차고 나온 것이다. 그 이전에 다녔던 대기업도 비록 회사는 어려웠지만 다행스럽게 여러모로 인정받았던 터라 여러 차례 사직 만류가 있었다. 그러나, 자리를 박차고 나왔다.

그런 용기를 가진 것은 나름대로의 목표가 있었기 때문이다. '직장인들에게 인생 3모작 시기에 꿈과 희망을 주는 시스템을 하나 만들어 보자'는 것이었다. 그것을 위한 기반작업으로 '지식만이 아닌 태도와 실천의 동기를 주는 것이다. 강의가 즐겁고 재미있어야 한다'는 새로운 패러다임을 고민한 것이다. 덕분에 "열정적으로 사네요", "강의가 에너지가 넘치고 열정적입니다"라는 소리를 많이 듣는 편이다.

그러나, 정말 하기 싫을 때가 많다. 고통이기 때문이다. 피하고 싶다.

나는 바보같이 35년간 뭘 했을까?: 직장생활의 취미 활동과 의미

스스로가 '참 못난 사람이다'는 생각이 든다. 그 흔한 취미 하나 제대로 갖추지 못했다. 그나마 영화를 즐겨보는 정도이다. 요즘은 집에서 다운받아 보기도 한다. 3년 전에 결혼하고 떠난 딸의 빈 방에 홈시어터를 만들자고 마음만 먹고 있는 중이다. 한 달에 한 번 정도 주말에 산에 가고 평일은 1시간 걷는 운동을 취미라고 하기에는 마뜩치가 않다.

비교적 늦은 시간인 밤 11시경이니 친구에게서 전화가 왔다. 골프 마치고 몇 명이 어울렸는데 나를 아는 사람이 있다면서 약을 올린다. 왜 골프 안 하냐고도 묻는다. 배울 생각도 했는데 그냥 한두 번 치고는 더 이상 진도를 못 나갔다.

취미 - 회복과 균형

지금 생각해 보면 고등학교, 대학교 때도 가정교사, 과외 아르바이트로 '나의 시간'을 가져본 적이 별로 없었다. 통기타를 배워 싱어롱을 주도한 적도 있었지만 오래가질 못했다. 나이가 들면서 재즈피아노도 한번 해볼까 생각도 했지만 그뿐이었다. 사진촬영도 어깨너머로 배워 제법 비싼 카메라를 구해 인물이나 풍경 등의 수준 높은 사진도 찍곤 하였으나 디지털 카메라가 나오면서 순식간에 퇴물이 되면서 그나마 남은 취미도 뒷전으로 보내버렸다.

요즘 같은 때 취미가 있었으면 하는 생각이 절실하다. 숨 쉴 틈을 갖고 싶을 때가 많으나 강의가 주업主業이 되고 나서는 더 어렵다. 필드 약속을 해 두었는데, 강의 요청이 오면 대책이 없었던 때가 있었다. 수차례 기회가 주어지는 강의도 한 번만 날짜가 안 맞으면 전체를 날린다.

취미는 힘들고 지칠 때 회복제가 되어야 한다는 생각이다. 직장인은 봉급쟁이 시절에 만들어야 한다. 그러자면 초기에 바짝 집중해서 일정 수준이 되어야 제대로 즐길 수 있을 듯하다.

입사지원서, 자기소개서에 많은 회사들이 '취미'를 묻는다. 힘들고 피곤할 때 회복에 도움이 되는 것이 있느냐고 묻는 것이다. 스트레스 많은 직장에서의 회복탄력성이 있는지를 본다. 길게 갈 직장생활에 건강함을 위한 준비가 필요하기 때문이다. 30년 전에는 동호회同好會라며 직원 복지와 부서 간 소통의 도구로도 삼았다. 적지 않은 예산도 지원을 했었다.

수지침과 쑥뜸

30여 년 전의 일이다. 입사 4년차 때 대졸 여직원 한 명과 같이 일하게 되었다. 요즘은 대졸 여직원이 일반화되어 대수냐라고 하겠지만 당시에는 흔치 않은 시절이었다. 내가 다닌 회사도 여직원 전체 500여 명에 대졸 여직원은 30-40명에 불과하던 시절의 이야기이다.

그 여직원이 수지침과 쑥뜸을 취미로 한다는 것이었다. 어느 날 아침 시간에 전날에 먹은 술로 인해 헤매고 있었을 때였다.

"박 대리님! 손 줘 보세요.", "왜?", "침하고 뜸떠 드릴께요."

효과가 컸다. 그 이후로는 내가 먼저 손을 내밀기도 하며 부탁도 했다. 사무실에 쑥 냄새도 은근히 흘렀다. 보고 계시던 부장께서 지나가다 말고 "둘이 손잡고 연애하냐?"라며 은근히 놀리기도 했다.

그런데, 며칠 후에는 부장님의 손에 뜸이 올라가더니, 급기야 사장실에 가서 '뜸'을 뜨고 왔다는 것이다. 나로서는 감히 얼굴 한번 제대로 뵌 적이 없는 사장님이 이 후배 여직원에겐 소개가 된 것이다. 이후에도 가끔씩 다녀온 것을 보았다. 그러면서 신나는 모습이다. 아마 용돈도 조금 받은 듯했던 것 같다. 요즘은 상상도 못 할 전설 같은 이야기이다.

취미가 이렇게 상하 간에 소통하게 만드는 모티브도 되었다.

출근길의 예쁜 꽃 한 송이

작은 딸래미한테 가끔씩 해주는 소리가 있다.

"꽃꽂이 같은 취미는 없어도 꽃에 대한 관심을 한번 가져 보아라. 누굴 만나러 갈 때 손이 허전하면 꽃이라도 한두 송이 들고 가 보아라."
"사무실에서 누군가 골든벨을 울릴 일이 있으면 꽃을 사서 건네 보아라."

우리 삶이 조금 더 여유있는 모습이 되질 않을까 생각한다.

요즘은 한술 더 뜬다. 내가 못 한 것을 막 시켜본다. "취미를 만들고 조금이라도 차별화해 보라. 그림이든, 음악이든, 스토리든… 재미로 느껴질 때까지 한번 해 보아라. 시간이 없을수록 꼭 해두는 것이 좋다. 그리고, 기록으로 남겨라. 요즘은 그런 작은 차이가 가치로 이어져 '돈'이 되기도 하더라."

실제 은퇴 후에 취미로 돈도 벌며 즐기는 분들을 자주 보기 때문이다.

별 수 없어서 '만화방'을 찾았다

쓰라린 경험이 있다. 20년 전에 IMF외환위기로 회사가 워크아웃으로 가는 최악 상황일 때다. 경영기획부장과 비상경영실무대책반장을 겸하고 있었다. 받는 스트레스가 말을 못 할 정도였다. 잠도 모자라고 온몸도 지쳐 숨을 못 쉴 것 같았다.

그냥 사무실을 나섰다. 근무시간 중이지만 짧은 시간으로 회복하고 싶었다. 겨우 찾은 곳이 '만화방'이었다. 1시간여 폭풍 읽기를 하고 사무실로 돌아왔던 기억이 아련하다.

"헐! 전무님 썰렁해요": 아재개그 예찬론과 창의성

"팔을 다쳤다면서? 그래 가지고 밥은 어떻게 먹어?"라는 질문에 "숟가락 가지고 먹지 뭘로 먹어!"

다친 손의 불편함을 걱정하는 질문에 당연한 답을 제3지대에서 찾은 것이다.

"애 낳았다고? 뭐 낳았어?"라는 질문에는 "사람 낳지 뭐 낳았을까!"

출산을 기뻐하고 산모를 걱정하는 동시에 남자 혹은 여자 아이인지 궁금해하는 데에 약간 황당한 답으로 '뭘 그렇게 서두르냐 잠시만 지나면 자연히 알게 될 것인데'라는 의미였었다.

50년 전 우리 어머님의 '우스갯소리, 개그'다. 20년 전에 작고하셨지만 기일忌日을 맞아 생각났다. 가끔 쓰는 유머로 주위를 웃기는 분이셨다. 덕분에 영향을 많이 받았다. 스스로 참 '좋은 유산遺産'이라 생각한다. 이런 방식으로 창의성을 발휘하여 사무실이나 강의 시간에 지루함을 덜고 분위기를 재미있게 만드는 데 작은 테크닉으로 활용하였다.

그런데, 요즘에는 "헐! 아빠. 또 아재개그!"라며 놀린다. 재미없고 썰렁하다는 것이다. 어른들과 '꼰대'와 선긋기의 의미로도 쓰이며 약자의 반격의 의미도 있는 듯하다. 반면, 요즘 개그는 우리 세대가 이해하려면 거꾸로 한두 번 더 들어가야 이해가 된다. 씁쓸한 것은 같은 입장이다.

이연연상(二連聯想)법과 창의성

상관이 없는 2가지를 연결하여 생각하는 법이라는 뜻이다. 헝가리 출신의 심리학자인 쾨슬러가 저서 『창조의 예술』에서 이름 붙인 것으로 Bisociation이라고 한다. association에서 비틀어 만든 이연연상식 단어이다. 문제의 본질과는 상관없는 경험이나 사실에서 창조의 통찰을 받을 수 있다는 데에서 출발한다. 대표적으로 아르키메데스가 왕관의 무게를 재는 과제를 받고 욕조에 들어가는 순간 몸의 부피만큼 물이 넘치는 것을 보고 유레카를 외친 것 같은 원리이다. 그러기에 어떤 문제를 닥쳤을 때 포기하지 말고 끝까지 해법을 찾는 발상법이자 태도를 말하는 것이다.

억지 연결이라도 - 창의성, 강의, 연설, 구호, 표어, 자기소개서 등

다양한 분야에서 상관없어 보이는 것의 연결은 재미와 의미, 가치를 더하는 일이다. 지속적인 훈련으로 큰 성과를 낼 수 있다. 직장생활에서 '헛소리'라고 할 정도로 내질러 보자.

(1) 창의력 활용

벽에 붙은 도마뱀을 보고 장갑에 부착제를 추가한 것, 도마뱀의 꼬리에서 재생되는 피부 물질 연구, 최근에 나온 '꽃병소화기', '배달의 민족'이라는 브랜드 제작 사례 등이 있다.

내가 한국 최초로 '채용박람회'의 아이디어를 낸 것도, 1990년 초반에 채용, 취업의 관행을 바꿔보고 싶어서 시작하였다. 아파트 모델하우스에서 힌트를 찾았고, 행사의 이름은 당시 '대전엑스포'에서 찾은 것이다.

(2) 강의, 연설에서 유머 등으로 활용

위기 모면의 유머 애드립(실화): "방금 전화가 두 통 왔습니다. 경찰청장과 도로공사 사장이었습니다. 미리 못 챙겨서 강사가 5분 늦게 도착한 것에 대해 사과한다고 전해 달라고 합니다"

링컨의 유머(실화): 링컨이 의회에서 이중인격자로 비난을 받을 때, "만일 내가 얼굴이 두 개 있다면 이런 중요한 자리에 하필 이 얼굴을 가지고 나왔겠습니까?"

(3) 특히 글로벌 비즈니스 현장에서 영어로 자기소개나 1분 스피치 구성

(4) 구호나 표어 등의 구성
인생에 필요한 다섯 가지 '끈': 매끈, 발끈, 화끈, 따끈, 질끈

나이 들어 대접받는 7-up: Clean up, Cheer up, Dress up, Give up, Pay up, Show up, Shut up

한글문화연대의 우리말 사랑 표어(2017년): 욕하면 욕본다. 고운말 반드시 우리말 반듯이. 쉬운 말에 눈이 반짝 고운 말에 힘이 번쩍

If you can dream it, you can do it. (Walt Disney)
If youth only knew, if age only could. (Henri Estienne)

젊음은 알지 못한 것을 탄식하고, 나이는 하지 못한 것을 탄식한다.(번역으로 매력 추가)

(5) 입사지원서와 자기소개서 적용
대학에서 수많은 대내외 활동들을 이용해 취업하고자 하는 회사의 직무와 연계하여 설명하는 노력이 취업의지를 보여주는 필수사항이 된다. 간호학과 학생이 취업도전을 하는데 간호 실습경험이 없는데, 유일한 경험인 '봉제인형 바느질 알바'에서 이연연상법을 적용, 주사바늘을 생각하며 바느질을 했다고 소개하는 것, 공기업에 지원하게 된 동기를 '할아버

지가 독립유공자'라고 연결시키는 것 등이 있을 것이다.

'계속 아재개그를 할 것이다. 누가 뭐래도'

2천 원 칼국수와 1만 원 커피의 세상: 양극단에서 바라보는 세상

"삼겹살 냄새는 나겠지만 2차는 힐튼호텔 오크룸으로 가자. 맥주로 회식 마감하자."

업무를 마치고 가진 회식시간 중에 2차를 제안했었다. 직원들은 좋아서 환호성을 질렀다.

25년여 전의 일이다. 서울역 앞의 대우센터에서 근무하던 시절에 1년에 4-5회씩 업무회식을 했다. 내가 주관하는 회식의 맨 윗자리가 되어 부하직원 10여 명과 회식을 가면 주로 1차를 삼겹살로 했다. 무조건 참석케 하며 힘든 일을 뒤로 하며 회포를 푸는 자리였다. 지금 세대들의 '끌려간다'는 분위기와는 크게 다르다. 주어진 예산 범위에서 메뉴를 정하다 보니 예산이 넉넉지 못해 삼겹살이 주종主宗을 이룬다.

그러니, 다음 2차 종목 정하기가 문제이다. 남녀차이, 연령차이, 기호차이 심지어는 퇴근길 즉 거주지까지 이동거리도 감안하여 흔쾌히 따라갈 종목이 되어야 한다. 그때 비교적 저렴한 삼겹살과 소주로 배를 채우고, 큰 비용을 치르는 '호텔 바Bar'에서 맥주 2차를 즐기는 것은 분명히 양극단의 위치를 경험하는 것이다. 예산을 넘는 비용은 개인적으로 돈을 지불할 각오였다.

종합상사 인사부지만 호텔에서 이런 기회를 갖는다는 것은 그렇게 흔한 경우가 아니었기에 직원들의 호응은 무척이나 좋았던 기억이 남아있다. 나를 포함하여 직장인으로서 성장하며 남다른 세상, 한 수 위의 세상, 격을 높이는 기회를 만들어 주고 싶었던 심산이었다. 그리고, 스스로도 그런 삶을 살고 싶은 욕심이 있었다.

후배들에게 어떤 세상을 보여줄 것인가?

지난 2005년부터 8년여 동안 성신여자대학교에서 겸임교수로 교과목을 맡은 적이 있었다. '취업', '진로' 두 과목이었다. 각각 70명 정원이 순식간에 동이 났다. 특히 4학년은 매주 월요일 아침8시, 0교시 수업으로 바꿔서 진행을 하였다. 월요일 아침 3시간을 팽팽하게 지내고, 그 긴장감으로 한 주일을 지내면 취업문제, 취업 후 직장 적응 문제는 저절로 해결이 된다는 생각이었다.

그중 특징 있는 시간은 5주차에는 반드시 남대문새벽시장으로 현장교육을 데리고 갔던 것이다. 월요일 아침 6시에 모여서 2명 1개조로 시장조사를 한다. 상인들, 시장 내 직업, 사고파는 모습 등 1시간 정도를 본

후 2,000원 남대문 시장 칼국수로 허기를 채운다.

그리고, 2단계 장소로 이동을 한다. 걸어서 5분 거리에 있는 '힐튼호텔'로 가는 것이다. 10,000원의 커피를 마시며 두루두루 살펴본다. 이른 아침에 제법 많은 호텔 투숙 외국인의 활동을 보게 된다. 1시간 정도 호텔을 돌아보는 시간으로 이어갔다.

마지막으로 호텔 측의 협조를 받아 강의 공간을 빌려 두 장소에서 보게 된 수많은 직업, 그들의 동작과 활동 등 관찰한 것을 정리해 발표하게 했다. 그리고, 궁극적으로 그들은 무엇을 팔고 있었는가를 생각하게 한 것이다.

2,000원의 칼국수와 전통시장의 상품, 10,000원의 커피와 세계적 수준의 서비스를 본 것이다.

마치고 학교로 향한다. 그 다음 주 이후의 수강 태도는 제법 많이 달라진다.

스티브 잡스의 'Connecting Minds'

스티브 잡스의 2005년 스탠포드대학의 졸업기념 연설 'Connecting the Dots'를 생각해 본다. 4가지의 점 연결이다. 생부모와 양부모, 중퇴한 대학의 필수과목과 우연히 만난 서체수업, 픽사와 넥스트의 성공과 창업한 회사 애플의 실패와 해고, 마지막으로 췌장암에 걸려서 생사生死를 오고 간 일이다. 연결된 두 점 사이의 인생과 도전의 경험을 말하고 있었다.

다시 한번 들어도 잔잔하면서도 뭉클한 연설이다. 그러나, 그 인생도 살아간 삶을 시간이 지난 후에 돌이켜 정리한 것이다. 결과론적인 인생 정리 메시지는 세상의 변화를 꿈꾸는 자에게 중요한 인사이트가 되고 있다.

양극단에 서서 나를 보고 미래로 나아간다

25년 전의 회식시간에 추구했던 두 개의 점과 연결, 10년 전에 학생들을 가르칠 때, 경험하고 생각하게 했던 두 개의 점과 연결, 그리고 스티브 잡스 인생의 두 개의 점과 연결을 종합해 본다. 양극단 점의 넓이가 클수록 품에 안을 세상이 넓어질 것이다. 새로운 과제나 문제로의 도전에 거리낌이 없어질 것이다.

두려움보다는 자신감으로 세상에 맞서자.

구내식당에서 먼저 먹고 남은 잔반(殘飯) 처리: 작은 배려는 에티켓의 출발

"전무님! 벌써 다 드셨어요?"라고 질문하는 앞에 앉은 여직원은 채 절반도 못 먹었다. 그러면서 "전무님! 먼저 가세요"라고 한다. 부담스러운 듯하다. 그런데, 구내식당이다 보니 더 낭패스러운 상황이 생긴다. 다 먹은 식판을 들고 나가며 잔반 처리를 하여야 한다. 매일 보는 일이지만 상대방을 불쾌하게 만들 소지가 크다.

내가 가진 습관 중에 평생 고치기 힘든 버릇이 '밥 빨리 먹는 것'이다. 군에서 배우고 익혀졌으며 회사생활을 통해서 평생 반복해 온 습관이다. 대형 구내식당조차 점심시간에 3-4회전이 되다 보니 빨리 비켜주는 것이 미덕이었다. 그러다보니 그 악습이 더 심해져 같이 밥 먹는 부하직원들에게 민망할 경우가 많아진다. 인사부 직원 출신, 학생들을 가르치는 선생의 입장이다 보니 사각지대에 있는 에티켓들이 제법 많다. 전 세계 어디의 자료나 책을 보아도 내용이 없는 경우들도 제법 많다.

모든 에티켓 판단의 기준은?

'핵심은 상대방에 대한 배려配慮이다. 직위 고하를 막론하고…'

학교나 가정에서 배우질 못하고 나온다. 그래서, 신입사원 교육 과목에 필히 들어간다. 그런데도 셋업이 안 된 것들이 많다. 앞에서 언급한 구내식당에서 식사 다음의 행동은 물론이고, 엘리베이터에서, 지하철이나 버스 안에서, 자동 회전문에서, 공동 세면대에서의 에티켓 등이다.

구내식당의 식사를 마친 후에

조금이라도 먼저 먹은 사람의 행동이 중요하다. '잔반처리'라는 명목으로 남은 반飯과 찬餐을 한 그릇에 털어 넣기 전에 조심하여야 한다. 느린 속도로 맛있게 먹고 있는 앞에서 순식간에 잔반처리를 하지 말자. 순식간에 버리는 음식, 죽통에 들어가는 것이 된다. 심하게 표현하면 돼지 밥통이 되는 것이다.

잠시 눈을 돌려 한 식탁에서 같이 밥을 먹는 다른 사람이 다 먹었는지 눈으로 확인하고, "다 드셨지요? 다 먹었지요? 일어섭시다"라고 말하고 자리를 뜨기 직전에 처리해야 한다. 불가피하게 먼저 먹고 혼자 일어난다면 양해를 구하고 식판을 들고 나와 다른 공간에서 통합, 정리를 하면 좋지 않겠는가? 그게 작은 배려이다.

엘리베이터에서

많이 범하는 실수가 이 공간이다. 많이들 동료들끼리 대화를 나눈다든가 손에 무엇을 들고 혹은 먹으며 탄다. 그러나 얼마나 좁은 공간인가? 불편한 일들이 많이 일어난다. 코로나19로 인해 더 중요해졌다.

먼저, 앞뒤좌우의 다른 사람과의 공간 거리를 감안해야 한다.

둘째, 무조건 말도 하지 말고, 전화 통화도 하지 말아야 한다. 소음이 되고, 침이 튀어 병의 원인이 되기도 할 것이다. 내가 주고받는 말로 회사정보가 새어 나가기도 한다. 본인의 말투나 쓰는 용어 하나로 나의 됨됨이 즉, 격格을 보이기도 한다.

마지막으로, 뭘 먹어서는 절대 안 된다. 참거나 중지해야 한다. 냄새로, 먹는 모습으로 상대방에게 괴로움을 줄 가능성이 있다. 그래서 참는 게 작은 배려이다.

지하철에서는

기본적인 에티켓은 많이 알려져 있다. 워낙 대중화되어 있어서. 그런데 뭘 먹는 사람들을 많이 보게 된다. 특히 과자종류를 먹는 경우가 문제이다. 심지어 플랫폼에 있는 자판기에서도 버젓이 팔고 있다.

절대 먹어서는 안 된다. 냄새를 느끼는 종류에 따라 불편한 정도는 사람마다 다르다. 내가 먹고 있는 과자는 '냄새가 없다', '영향이 없다'로 속단하면 안 된다. 요즘은 외국인들도 많이 타니 좀 더 세심해야 한다. 그게 작은 배려이다.

자동 회전문에서

이 경우는 주로 직급 상하 간, 나이 노소간, 남녀 간에 일어나는 판단의 문제이다. 문을 열고 드나드는 경우에 누가 문을 먼저 열고 잡고 있어야 하는가? 대개의 경우 하급자가, 어린 사람이 앞서 문을 열고 약한 사람을 배려하는 기준으로 행동하면 된다. 회전문도 같은 기준으로 행동하면 된다. 그러나, 자동문인 경우가 있다. 순서가 반대이다. 하급자, 어린 사람, 남성이 마지막까지 지켜보며 챙겨야 한다. 그게 작은 배려이다.

공동 세면대에서

많은 사람들이 물을 쓰는 공간이다. 먼저 쓴 사람의 흔적이 다음 사람에게 불편함이나 불쾌감을 준다. 세면대나 주변을 쓰고 난 페이퍼 타월 등으로 닦고 나와야 한다. 에어드라이가 있는 경우는 대략 난감이다.

인사부 업무 중에는 회사의 질서, 기강 유지라는 항목이 있다. 회사 생활의 기본을 정하고 지키게 규정화하는 것이다. 시간이 지나면 문화가 되며 에티켓, 매너라는 이름으로 회사생활의 질서를 잡는다. 회사의 대외적 이미지에도 직접 영향을 준다.

근본적으로 에티켓은 크고 작은 조직생활이나 공간에서 불편함이나 부딪힘이 없도록 하자는 취지로 발전되어 온 것이다. 그런 의미에서 예전보다 훨씬 중요해졌다.

보다 더 세심해야 한다.

"전무님! 잘할 수 있을지 걱정입니다":
해외취업이라는 인생 전환점에 선 청춘들

2020년 2월 17일, 토요일에 서울을 떠나 동남아지역으로 출장 중에 글을 쓴다. 인도네시아를 거쳐, 미얀마에 와 있다. ICT 기술 덕분에 한국의 코로나바이러스 감염상황이 실시간으로 문자로 날아든다. 착잡하고 불안하다. 지금 이 글을 쓰고 있는 미얀마의 양곤은 낮 기온이 34, 35도이니 걱정이 없다고는 하지만 조심스러움은 똑같다. 손만 잘 씻어도 효과를 본다는 기본 중의 기본에 관한 조언에 중점을 두고 자주 손을 씻는 것으로 예방에 최선을 다해 본다.

미얀마에서 인도네시아로 이동을 해서는 잠시 시간을 내어 반둥 근처의 제조업으로 진출한 한국기업을 찾았다. 공장장님이 60대 후반의 대우 출신 선배님이다. 지금도 기업인으로 활동하시는 그분의 노익장이 부럽다. 그러나, 걱정도 많다고 한다. 바이러스로 인해 중국의 기업 활동 위축으로 세계적인 공급사슬이 차질이 생기는 것이다. 기본적인 생산자재들 중에 중국에서 오는 것이 많기 때문이다. 반둥지역도 예외가 아니었다. 제때 공급되지 않으면 큰 문제이고 그 대책 마련에 부심한다고 했다.

또 다른 주요 관심사는 공장혁신이라고 한다. 본인이 추진하는 혁신의 출발점은 넓은 공장의 바닥 청소라고 한다. 10여 년이 된 공장을 들어서니 물청소를 하는 모습들로 분주하다. 기본적인 생산 업무를 진행하며 청소를 해야 하니 구역을 정해 단계별로 해 나가는 중인데, 바닥청소만으로 공장의 전체가 환하다. 가려져 있던 안전라인도 눈에 들어온다.

파트너와의 역할 분담

시간을 바꿔 30년 전인 1980년대 후반으로 돌아가 본다. 대우 신입사원 때의 사무실 광경이 스쳐 지나갔다. 당시 종합상사 대우만이 가진 독특한 사무실 시스템인 '짝지제도'가 있었다. 수출담당인 대졸 남직원과 그 업무를 보좌하는 여자상업고등학교 졸업 여직원이 업무 파트너 즉, 짝을 이루어 분업하며 기동성과 집중력을 이루는 시스템이다.

남직원은 국내외 출장 등으로 수출 오더를 받아내고 제조 공장을 방문하며 작업을 챙기는 외부 일이 주를 이룬다. 그러면 여직원들은 그 결과에 맞추어 사무실에서 수출 서류, 작업지시 서류 등을 생성하며 수출대금과 사후관리 업무를 챙기는 것이다. 대단한 파워의 팀워크로 수출전선을 확대하며 회사와 본인의 성장을 이루어 나갔다. 여직원은 그런 중에 아침에 출근하면 제일 먼저 직원들 책상청소와 걸레질, 그리고 커피 한잔을 준비해 주며 업무시작을 알린다. 늘 기본적인 청결과 주변의 환경정리, 그리고 파트너에 대한 작은 정성으로 시작하는 것이다.

다시 현재로 돌아와 앵글을 바꿔본다. 인도네시아, 미얀마, 베트남으로 둘러보는 GYBM교육 청년들에 대한 걱정이다. 현지의 소요에 맞춰 100% 취업을 연계시키지만 본인이 면접을 잘못 보고 와서 탈락을 하면 보통 낭패가 아니다. 그들의 바닥에 자리 잡은 큰 걱정은 연수를 마치고 맞닥뜨리게 될 일에 대한 두려움에서 시작된다. 1년이라는 긴 시간의 교육연수를 차근차근 따라오면 되는데 좋지 못한 습관들이 머리를 쳐들며 게으름을 피우면서 걱정만 태산이다.

연수 종료를 3개월 앞둔 지금 시점에 '본인 걱정'을 제출하라고 해보니 대개가 그런 것이다. 입사지원서, 자기소개서를 보니 장황하고 추상적인 말로 장식되어 있다. 우리 과정에 입소하며 새롭게 공부하고 준비시켜 준 태도나 인성에 관한 것은 전부 반납하였다. 생활 주변, 강의장 주변, 편의 시설 주변, 기숙사 등을 보니 대학생 때의 습관을 버리지 못하고 있다.

한 번 야단을 친다. "제발 대학생 코스프레하지 말아라. 이젠 프로들이다. 작은 것 하나라도 제 위치에 두고, 내 주변의 청소부터 다시 챙기고, 상대를 배려하는 차원의 말과 몸놀림에 유의하라."

내 주위를, 바닥을, 환경을 잘 정리하고 청소를 꾸준히 하면 예전에 없던 것이 눈에 띈다. 줄을 벗어나고 흘린 것이 눈에 들어온다. 그것이 위험이 되는 것들이다. 그 틈에 병균(바이러스, 박테리아)이 서식을 하고 먼지가 날아다니며, 소중한 자재가 나뒹굴기도 한다. 때로는 위험물이 정상 상황에 파고든다. 새로운 위험이 만들어지기도 한다고 다그쳐 본다. 앞에서 말한 제조공장의 바닥 청소를 공장혁신의 출발점으로 삼는 것이다.

연수생들은 1년 동안 대학 4년에 배운 것 이상을 배웠다. 공부한 양이라든가 수준도 능가한다. 거기다가 동기들과 숙소를 같이 쓰고, 현지인들과 말을 나누는 시간도 많았다. 동료나 상사, 현지인 직원들을 챙기며 배려하는 그 출발점은 청소하고 정리하며 스스로를 청결하게 하는 것이니 잘 챙기라고 잔소리를 잔뜩 하고 돌아왔다.

"본인이 제일 자신 있게 하는 것은?"이라고 혹시 누가 질문을 한다면….

"제가 제일 잘하는 것은 10분 먼저 나와 바닥 쓸고 책상 닦는 것입니다"라는 답을 기대해 본다.

조기출근과 조기퇴근의 비밀:
진정한 워라밸은 고수(高手)가 되면 자동이다

상황1: 미얀마(Myanmar)에서⋯7시 30분 조기 출근

지난 2월에 미얀마를 찾았다. 필자가 일하는 '글로벌청년사업가양성 과정' 연수를 거쳐 현지의 한국기업에서 입사하여 3년 차가 되는 직장인을 양곤Yangon공항에서 만났다. 안부를 묻는 의미에서 지나가는 말로 '아침 몇 시에 업무 시작해?'고 물었더니만 놀라운 답이 나왔다.

"7시 30분입니다." 그러면서 하는 말이 "기숙사에 있으니까 가능합니다. 미리 준비해 두면 직원들이 8시에 옵니다. 준비된 상태에서 출근하는 현지인 직원들을 맞으면 짜릿한 재미도 있습니다." 그러면서 뿌듯한 눈빛이 스쳐 지나가는 것을 보았다.

그러면서, "한국에서 서울생활을 할 때 집에서 7시에 나와 지하철과 버스에서 씨름을 하고 9시에 자리에 앉아 일을 챙기는 것과 비교하면 남다른 직장생활을 하는 것이라 생각합니다. 지금 제 나이에 1시간 반을 더 업무하며 일을 배우는 것은 인생을 위한 투자이기도 하구요."라고 말하는 것이 대견해 보였다.

상황2: 한국의 어느 가게에서⋯6시 퇴근

집 근처에 있는 도넛 가게를 찾았다. 맛있다고 소문이 자자해 꼭 먹어

보고 싶었다. 아니나 다를까 줄이 길었다. 20여 분을 기다려서 꽈배기와 도넛을 사서 먹어보니 기다릴 만했다는 생각이 들었다. 그런데, 기다리다가 출입문에 보니 허술하게 써서 붙여 놓은 손글씨의 안내문이 있었다. '영업시간: 오전 11시 – 오후 6시, 당일 재료 소진되면 조기 마감합니다'

장사 잘되는 모양이다. 재료의 회전이 좋으니 싱싱하고 줄을 세우니 귀해 보이고 기다리는 중의 고소한 냄새가 어우러지니 더 맛있었다. 그런데, 머리를 지나가는 다른 생각이 있었다.

'6시 마감? 재료 소진되면 더 빨리 마감?'

분위기로는 무조건 그날 다 판매한다는 말이다. 뒷정리 등을 감안하더라도 7시면 넉넉히 퇴근할 것이다. 진정한 '워라밸'이라는 생각이 들었다. 자기 일에 고수高手가 되고 경쟁판에 1등이 되면 이런 입장이 될 것이다. 그런데, 이런 고수의 상황이 그냥 되었을 리는 없었을 것이다. 남모르는 노력을 했을 것이고 고통도 있었을 것이다. 기술을 물려받았다면 부모님 세대가 그랬을 것이다.

진정한 '워라밸, 저녁이 있는 삶'은 내가 원하는 만큼의 '필요한 돈'과 '주도적 삶이' 전제가 되어야 한다.

요즘의 젊은 것(?)들과 같이 가면…

그런데 요즘 직장인들이 '워라밸'이라 말로 너무 막 나가는 것이라는 생각을 지우질 못하겠다. 자기의 현재 업무 처리 수준이나 실력은 모르고 유행에 따라가는 경향이 강하다. 여유라는 것은 말만으로, 앉아 있는 것만으로 저절로 만들어지는 것이 아니다. 실력이 중요하다. 지금 워라밸하다가 4–5년 지나 뒤처지면 대책이 없다.

지금 시대에 우리 실력이 비교되고 견주어지는 경쟁의 장소가 어딘가? 숙명적으로 '글로벌차원'이다. 국내부문으로만 보이던 공공부문조차도 글로벌 차원에서 벗어날 수가 없다. 전 세계의 경쟁에 노출되어 있다. 자칫 한눈팔면 금방 2, 3위로 밀리고 경쟁그룹에 끼지도 못하는 일들이 다반사로 일어난다.

인사과장 시절에 퇴근시간 이후에 주기적으로 다른 사무실을 둘러보았다. 늦은 시간까지 남아 일 챙기는 사람은 꼭 눈에 들어왔다. 세월이 20년, 30년 지난 지금 그들을 보며 반추하다 보니 남다른 관점이 생겼다.

어린 나이, 신입사원 시절의 1–2년은 50대의 5–6년과 맞먹는다. 빨리 고수가 되어야 한다. 남보다 한 걸음만 앞서는 위치에 서서 가라고 권한다. 남보다 1시간만 먼저 시작하고 1시간만 나중에 마쳐라. 평생의 여유가 만들어진다. 남들과 같이 해서는 여유는 만들어지지 않는다.

나도 신입사원 3년은 퇴근시간을 9시로 정했다. 그런 중에 여유가 만들어졌다.

'꼰대'들의 '워라밸' 그리고 남다른 노력

『90년생이 온다』(임홍택 저, 웨일북)라는 책을 사서 보고 있다. 이 시대의 청년, 밀레니얼 세대를 이해하기 위해서이다. 그 세대의 특징을 요약하면 '간단하거나, 재미있거나, 정직하거나'라고 한다. 그런데, 돌이켜 놓고 보면 우리 세대도 20대 때에 그런 경향이 있었다. 당시에도 우리끼리만 알 만한 간단한 은어를 좋아했고 방법이 달랐지만 재미있는 것을 좋아했고 누구보다 정직하고 투명한 사람을 좋아했다. 알고 보면 이런 성향은 젊은 시절에 모두가 갖고 있는 것으로 예나 지금이나 같다. 똑같이 남다른 여유와 워라밸을 즐기는 사람도 예나 지금이나 똑같다.

그것은 '남다른 노력'이다.

변화무쌍하고 피곤했던 직장생활. 행운? 불행?: CRT테스트와 일

"아빠! 회사 일이 너무 많고 힘들어. 이번에 다른 일까지 맡아 오늘은 파김치네. 내가 잘 살고 있는 건가? 친구들은 그러지 않고도 잘 다니던데"라며 늦은 퇴근시간에 작은 딸이 하는 볼멘소리다. "요즘같이 취업하기 힘든 세상에…어딜?"이라는 식의 답을 주기는 싫다. 그런 의미로 이 칼럼을 쓰며 답을 대신하고 싶다. "지금 아빠도 네가 투덜거리는 이 늦은 시간에 칼럼을 마감하려고 눈에 불을 켜고 있다"는 말로 시작한다.

이 문제는 직장인이면 한두 번 정도 생각하는 주제이다. 일이 많아 바쁜 회사와 일이 적어 여유로운 회사 중에 어디가 좋을까? 급여 등 근무조건이 비슷하다는 전제로 했을 때.

당장 보면 후자일 것이다. 그런데, 인간의 습관과 생각의 구조, 그리고 정년 이후의 대비책을 감안한다면 간단치가 않다. 전직博職이 많아지고 정년 이후에도 일해야 하고 일하고 싶어 한다면 생각을 달리해야 한다.

뿐만 아니라 일상 생활에서의 판단도 직장에서 생각하고 일하는 방식에 영향받기 십상이다. IT기술의 발달이 정보흐름이나 일의 혁신이라는 긍정적인 측면도 있지만 거짓 정보, 사기, 절취가 많아지고 고도화되는 부정적인 측면의 양면성을 보이고 있다. 때문에 작은 일 하나도 판단하고 선택하는 일들이 간단치가 않은 것이다.

인지반응 테스트

최근 책을 읽다가 좋은 답을 찾았다. 우선 아래 문제를 풀어보자.

① 야구공과 야구방망이를 합친 가격은 110,000원이다. 방망이 가격이 야구공 가격보다 100,000원이 비싸다. 야구공의 가격은?

② 5대의 기계로 5개의 골프공을 만드는 데 걸리는 시간은 5분! 100대

의 기계로 100개의 골프공을 만드는 데 걸리는 시간은?

③ 어느 호수에 커다란 연잎이 떠 있습니다. 번식이 잘되어 매일 두 배로 늘어납니다. 연잎이 전체를 덮는 데 걸리는 데 48일이 걸렸습니다. 절반을 덮는 데는 며칠이 걸릴까요?

인지반응테스트Cognitive Reflection Test라고 하며, 간혹 인터넷이나 SNS에서 떠도는 문제들이다. 자칫 10,000원, 100시간, 24일로 쉽게 답을 한다. 그러나, 조금만 조심해서 다시 한 번 생각하면 답은 달라진다. 105,000원, 5시간, 47일이 된다.

앞의 답은 별생각 없이 편안하게 '그냥 그렇겠지'라며 답을 한 결과이다. 그러나, '아니 뭔가 이상하다. 잠시만 따져 보자'고 하면 후자의 답이 나온다.

옆구리를 쿡 찔러 잠시 생각을 달리하게 한다는 '넛지Nudge'이론에서는 생각의 방법을 자동시스템사고와 숙고시스템사고로 나누고 있다. 너무 쉬워 별 생각 없이 답을 한 것과 다시 한번 짚어 본 것의 결과는 달라진다.

그런데 숨겨진 중요한 사실이 하나 있다. 이 문제를 미국MIT(매사추세츠 공과대학교)에서 실험을 했더니 평균 2.18개가 나왔고, 하버드대학교의 경우는 평균 1.43개가 나왔다고 한다. 일상적인 상황에서 시험을 본 것이다. 그런데, 상황을 열악하게 만들어 문제를 푼 경우, 즉 시험지의 인쇄가 흐릿하거나 발음이 어눌하거나 잡음이 섞여있는 상황에서 테스트

하면 놀랍게도 정답률이 높아진다는 것이다. MIT에서 평균 2.45개가 나오며 앞의 상황과 비교하면 무려 0.28개가 높아진 것이다. 상황이 안 좋아 조심스럽게 귀를 쫑긋하고 듣다 보니 한 번 더 생각하는 '숙고시스템'이 가동된 것이다.

직장생활을 하면 이런 식의 업무처리 문화나 상황적 요소는 비슷하게 돌아간다. 그래서 시간이 지나면서 업무를 대하는 습관이 만들어지는 것이다. 새로운 업무가 많고 환경변화가 심해 한 번 더 생각해 보는 '숙고'의 습관이 형성된 사람과 늘 비슷한 상황과 일상적이고 유사한 업무의 반복으로 '자동'의 습관이 형성된 사람의 차이는 어떻게 될까? 당연히 '숙고'의 훈련이 보다 적응을 잘 하고 유연하며 나은 삶을 살 것이라는 생각을 하게 된다.

나는 종합상사에 근무하며 어느 기업보다 변화무쌍한 회사를 다닌 셈이다. 글로벌지향의 경영전략과 취급하는 상품과 하는 업무의 종류가 다양하다 보니 직원의 성향도 제각기 달랐다. 직원이 해외에 주재駐在하는 국가나 지역 또한 천차만별이었다. 덕분에 HR(인적자원관리) 업무임에도 불구하고 알게 모르게 사람을 대하고 이해하며 설득시키는 데 유연해야 했었다. 20년 전의 외환위기 상황으로 인해 입사 15년 만에 회사의 명운이 갈리는 상황도 보았다. 또한 옮겨간 중소기업은 국내유통을 총망라하여 의류를 제조하여 마케팅하는 일을 했었다.

순간순간은 피하고 싶었던 기억이 아련하다. 그런데, 지금 돌이켜 보니 '행운'이었다는 판단이 선다. 피하고 싶었던 역동적인 삶! 다르게 보면 피곤했던 인생! 지금은 어떤 업무 상황이 오더라도 '그까짓 것'이라고 신발 끈을 묶고 해보는 뚝심이 생겼다. 덕분에 이런 글을 쓰고 책을 내고자 하는 기회를 가지는 행운도 온 것이라 생각한다.

2장

인사업무,
숨겨진 이야기:

직장인, 취준생,
재취업을 위하여

세엣,

선발·채용:
사람을 어떻게 고를까?

10,000명의 입사지원서에서 300명을 골라낸다:
입사지원서 심사방법

"뭔가 부정이 있을 것 같습니다. 짧은 기간에 어떻게 만 장의 서류를
봐요?"

"자기소개서는 읽어 보지도 않는 것 아닌가요?"

"무조건 학교나 스펙 보고 뽑는 것 아닌가요?"

기업의 신입사원 채용에 대하여 취준생들이 주고받는 말들이다.

일반적으로 입사지원 – 서류전형 – 면접 – 신체검사로 이어지는 것이
전형적인 대규모 공채의 절차이다. 대기업공채의 경쟁률이 100대 1을

전후로 오간다. 이는 100명을 뽑는데, 만 명이 지원을 했다는 말이다.

　최종 100명을 합격시키려면 보통 300여 명을 면접에 부른다. 합격 필요인원의 2-3배수 면접에 들어오도록 하는 것이다. 그러자면 10,000개의 지원서류 중에 300명을 서류심사에서 합격시킨다는 뜻이다. 이는 전적으로 인사부 채용담당들의 실무 업무다. 10,000명분을 다 보아야 하니 정말 엄두가 나질 않는 일이다. 한 명당 1분만 배정해서 시간당 50매를 본다고 하자. 그러면 200시간이 소요된다. 하루 15시간(24시간 중 취침 6시간, 식사와 생리처리 3시간 제외) 동안 본다면 종일 심사해도 13일이 걸리고, 3명이 동시에 심사를 해도 4일 정도가 걸린다.

　문제는 1분 만에 당락을 결정하는 고난도의 일을 4일간 집중하여 평가하는 것을 처음과 끝까지 같은 심사기준으로 보는 것이 가능할까 하는 것이다. 결론적으로 무척이나 힘들고 불가능한 수준이다. 그러기에 취준생 사이에서 '실제 지원서류는 안 볼 것이다'라고 짐작하는 괴담怪談이나 뭔가 부정이 있을 것이라는 추측이 떠돈다. 그래서 인터넷에서 찾은 남의 지원서 서류 베끼기가 부담 없이 이루어진다.

　입사서류 중 가장 어려운 '자기소개서'는 몇 개의 주어진 소제목에 맞춰 서술식으로 써나가는 것으로 취준생들이 제일 곤혹스러워하는 부분이다. 35년여 전 도입된 시기 기준으로 학교, 전공, 자격증 등을 기입하는 기본 서식인 '입사지원서'과 병행하여 요구하는 입사지원서류이다. 입사지원서에 들어있는 숫자 기록, 흔히 말하는 '스펙SPEC'과 실제 능력과의 상관관계가 시간이 갈수록 멀어지더라는 경험에서 나온 보완책으로 출발하였다.

요즘 기업의 환경변화와 무한경쟁으로 인한 압박은 35여 년 전과는 비교가 안 될 정도이다. 그러다 보니 암기식 성적만으로는 좋은 사람을 뽑을 수 없다고 판단하고 있다. 그래서, 스펙 이외의 숨은 잠재력을 보아야 하니 자기소개서에 보이는 내용으로 합격자를 골라내는 것이 중요한 포인트가 되었다. 그리고, 이 자기소개서 작성능력은 입사 이후의 실제 업무에서도 제안서나 계약서, Letter 작성 능력과도 직결되는 것이기도 하다.

그러면 인사담당자들은 어떻게 심사할까?

가장 손쉬운 방법이 '인적성검사'로 대체하는 것이다. 지원 인원이 너무 많은 경우에 주로 실시한다. 서류평가가 도저히 감당이 안 되니 시험으로 1차 걸러내는 것이다. 그러나 그것도 암기나 임기응변 능력이 크게 보이는 부작용의 위험이 있어 자기소개서를 꼼꼼히 보고 걸러내고자 하는 노력은 인사부 업무 중 중요도가 최고수준이다.

그런데, 실제는 평가하기가 의외로 간단하다. 최소한의 수준도 안 되는 것들, 즉 주어진 칸도 못 채운 것, 관련 없는 내용, 베낀 것이 짐작이 되는 것 등이 태반이기 때문이다. 심지어는 지원회사의 이름도 잘못 쓰는 경우가 허다하다. 다른 회사 지원할 때 썼던 것을 그대로 베껴 썼기 때문이다.

일정 수준에 들어오는 지원서류를 대상으로 심사하는 일반적인 방법을 소개한다. 결론은 지원자 전원의 자기소개서를 반드시 읽어본다. 방식은 회사마다 담당자마다 조금씩 다를 수 있다. 지금부터 언급하는 부분은 필자가 실제로 했던 방식으로 핵심은 단계별로 걸러낸다는 것이다. 1차로 데이터에 순위 매기기(만 명 전원 대상), 2차는 등위 순으로 2개 그룹 구분(천 명 그룹과 구천 명 그룹), 3차는 천 명은 네거티브 방식, 9천 명은 포지티브 방식으로 심사하는 것이다.

일단 입사지원서를 데이터화하고 점수화한다. 학교성적, 외국어점수, 특별자격증, 출신학교와 전공, 교내활동, 교외활동 등을 회사의 경험치와 내부적으로 조사한 평판도를 기준으로 등급을 매긴다. 예를 들면 A(10), B(9), C(8), D(7), E(3)의 방식으로. 그리고, 항목별로 가중치를 매긴다. 예를 들면 학교와 전공(20), 학점(10), 외국어(10), 특별자격증(5), 교내활동(10), 알바 등 외부활동(20), 기타(10)로. 이 두 가지를 곱하여 환산하면 100점 만점으로 점수가 나오고 순위가 매겨진다.

그런 후에, '자기소개서'를 중심으로 한두 차례를 걸러내기 시작한다. 형식적인 요소로 주어진 칸을 잘 채우고, 주어진 항목별로 지정된 글자 수를 맞추고, 좋은 구성으로 눈에 잘 들어오는 것이 관건이다. 결론을 앞부분에 두고 군더더기 없이 맞춤법, 단락나누기 등의 문법 적용도 체크한다. 그리고, 가장 핵심은 회사의 산업과 희망직무와 연계된 준비에 대한 내용들로 골고루 잘 녹여내는 것이다. 가장 비중을 두는 '직무역량' 심사이다.

그런 전제로 1등-1000등에서 절반인 150명, 1001등-10000등에서 150명을 찾아낸다. 1등-1000등은 절반인 500명을 빠르게 제외(네거티브 방식)한다. 1인당 약 20초면 충분하다. 그렇게 고른 500장을 꼼꼼하게 각각 1–2분 정도 할애하며 150장을 찾는다.

1001등–10000등은 9000장 중에서 500장 정도를 찾아(포지티브 방식)낸다. 빠르면 2–3초 안에 판단한다. 시간을 조금 더 주면 10초 정도이다. 평균 5초, 전체 13시간이 걸리며 3명이 심사하면 4–5시간 내에 끝난다. 그런 다음에 500장을 가지고 위와 같은 네거티브 방식으로 한 번 더 150명을 걸러낸다.

마지막으로 제외된 사람 중에 실수가 있는지 빠른 속도로 재차 확인을 하며, 합격자 300명의 통계표를 만든다. 직무별, 전공별로 분석한다. 회사의 정책이나 사업계획과 전략을 반영한 특수전공도 고려하여 적절하게 배정한다. 이렇게 하면 3명의 담당자가 3일이면 최선의 사람 고르기를 마감하게 된다.

그 짧은 시간에?

이렇게 짧은 시간 안에 평가가 가능하겠느냐고 질문하는 사람들이 있다. 그러면 반문해 본다. "학교에서 시험 때가 되어 친구들의 노트를 빌려본 적이 있는가?", "친구들의 입사지원서 2–3건만 훑어본 적이 있는가?"

학생인 그들이 나보다도 더 잘하는 것을 많이 본다. 친구 노트 보는 것도 여러 명의 것을 비교하여 보면 보다 수월해진다고 하면 이해가 될 것이다.

10초면 당락을 가늠한다:
시·청·체·지와 신·언·서·판의 과학

중국의 당서唐書에서 시작되었다고 하며 동양권에서 '인물人物'을 보는 기준으로 광범위하게 적용되는 '신身·언言·서書·판判'이라는 기준이 있다. 비교적 잘 요약된 공식으로 우리 사회에도 널리 쓰이고 있다.

이 생각은 서양의 메타인지심리학이나 NLPNeuro Linguistic Programming 에서 말하는 시각, 청각, 체감각V-A-K의 감각이론과 맞닿아 있다. 여기에 필자가 이름 붙인 지각知覺과 연결하여 시청체지로 요약하면 신언서 판과 대칭으로 딱 맞아 떨어진다.

먼저, '신身', 신수, 몸가짐 등 눈으로 보이는 시각Visual정보로 자세, 표정, 걸음걸이 등으로 연결된다. 다음은 '언言', 말씨, 말투, 내용 등 귀로 들리는 청각Audio정보로 말소리의 씩씩함, 밝음, 친밀함 등이다. 그리고 '서書', 글씨, 악수, 냄새 등으로 코, 혀, 촉각으로 나타나는 냄새, 적당한 느낌의 체감각Kinethetic으로 대응이 된다. 여기에 '판判'은 지적감각 즉 지식과 전문성으로 연결된다.

신언서판의 직렬(直列) 필터링

조금 장황한 설명을 이어갔다. 이런 관점과 감각이 '사람'을 보고 평가하고 판단하는 데 작동하는 원리가 중요하다. 특히 면접관으로서는 하루에 많은 시간을 투입해서 50-100명을 만나보고 평가한 결과를 회사에 제출해야 하고 자칫하여 자질이 모자란 사람을 뽑을 위험을 최소화해야 하는 최고난도의 업무상황이다.

그런 차원에서 위의 4가지를 병렬적으로 다 챙긴 다음에 전체적이며 종합적인 결론을 내리느냐 아니면 순차적順次的 혹은 직렬적으로 결론을 내리느냐는 것이다. 이 방식을 이해하면, 취업 면접관이 하루에 수많은 인원을 면접보고 최종 점수를 부여하는 '비밀의 문'으로 들어가는 것이다.

결론은 단계별로 걸러내는 '직렬적 필터링Filtering방식'으로 진행된다는 것이다.

생존을 위한 두 가지 역량 - '인식과 기억'

잠시 한번 다르게 생각해 본다. 신언서판, 시청체지의 감각이 왜 발달되었을까?

시·청·체 감각은 인간이 동굴시대 이후 생존을 위해 사물이나 사람을 알아보는 인지의 거리 순으로 발달이 되었다. 가장 먼 거리일 땐 시각정보로, 가까운 거리에 오거나 생활의 절반에 해당하는 밤에는 청각정보로, 그리고 가장 가까운 거리에 오면 후각이나 촉각정보로 적과 아군으로 순식간에 가르며 가까이 할 것인가 피할 것인가를 정한다. 이때 필수적으로 중요한 능력이 '기억력'이다.

상대를 알아보는 인지력과 기억력은 인간의 생과 사生死를 가르는 핵심요소가 되어 우리 몸에 강력하게 새겨졌다.

앞에도 말했지만 대기업은 하루에 보통 50-100여 명을 면접 보게 된다. 하루 종일 최고의 긴장도를 놓지 못하는 불편함을 필터링시스템을 통하여 절반으로 줄이는 것이 가능하다. 특히 임원으로 진급, 성장해 오는 20-30년간 알게 모르게 사람을 보는 기준이 시스템으로 자리를 잡았다. 특히, 시각정보나 청각정보로 인식되는 행동은 습관에 가까워 바꾸기가 쉽질 않다는 것도 안다.

신입사원 교육의 많은 부분이 커뮤니케이션 또는 생활 훈련을 통해 이런 것들을 훈련도 시킨다. 밝은 표정, 반듯한 자세, 좋은 걸음걸이(시각적 요소), 그리고 밝고 씩씩한 목소리, 호감을 주는 말투, 활기 넘치는 음색(청각적 요소) 등이다. 이것은 고객이나 거래처는 물론이고 회사내 인간관계에도 무척이나 중요하기에 호감을 주는 행동과 말투, 긍정적 사고방식 등에 많은 시간을 들여 훈련시킨다.

그런데, 교육을 마치고 현업에 들어가 조금만 긴장이 풀리면 예전 습관이 나온다. 20여 년 이상 집안과 학교에서 형성된 습관이다. 그래서 사무실에서 다투고 고객에게 무례하고, 견디지 못하면 다른 핑계를 대며 사표를 낸다. 신입사원 퇴사 이유를 조사한 많은 자료를 보아도 70-80%가 인간관계라고 나오는 것이 그 근거이다. 필자가 15년여 동안 인사관리 업무를 하며 사직서를 내는 직원을 직접 면담한 결과이기도 하다.

이제 면접장으로 들어가 보자. 공간의 크고 작은 차이는 있겠으나 문을 열고 들어와 자리에 서서 인사하고 이름을 부르며 확인하는 10여 초 사이에 이 시각, 청각 시스템이 작동을 한다. 그리고 적당하게 절반을 가른다. 'O X'로. 그리고 질문에 들어간다. 마지막 식별 기준인 지식과 지적 정보를 점검하고 시각, 청각으로 약식 평가한 것을 재확인하면서….

경력사원의 면접장과 옷가게

참고로, 경력사원의 경우는 일단 인사하고 나면 면접관이나 최고경영자와 악수도 하게 된다. 그 순간 몸 냄새, 손의 청결도, 악수의 힘, 액세서리 등을 평가하게 된다.

이 관점이 과도하다고 생각되는가? 옷가게를 들를 때 상상을 해보자. 가게가 1–2개인 경우와 10–20개가 경쟁하는 곳에서 가게를 고르고 구매로 이어지는 과정을…. 특히, 시간이 빠듯한 경우이면 면접에서 인재를 선별하는 것과 똑같은 과정으로 진행된다.

이제 '면접 평가는 문을 열고 들어가는 순간부터'라는 것을 알면 들어가서 자리에 앉게 되는 그 짧은 시간이 승패를 가르는 치명적인 순간이라는 것에 조심해야 한다. 스펙이 좋은 취준생이나 재취업 도전자들이 면접장에서 관심조차 못 받는 경우가 많은데, 이 관점으로 스스로 점검해 보기 바란다. 특히 시각, 청각 정보차원에서 제외된 면접자의 경우 정작 자신의 전문성이나 분야는 질의응답은 주고받지만 면접관의 관심에서 멀어진 채 진행될 경우가 많다. 면접시간 30분, 1시간이 예의상 시간 채우기로 진행되었을 수도 있다는 것을 생각하면 소스라치게 놀랠 일이다.

습관을 바꿔야 할 이유

이런 모든 것들은 실생활 속에서 습관이 되어야 하고 끊임없이 훈련하고 반복되어져야 한다. 몸짓과 소리에 있어 반듯함, 밝음, 씩씩함, 긍정성, 건강함 등이 그것이다. '자기소개서'에 기재해 놓은 '긍정적인 사람', '협조적인 사람'이라는 나의 외침이 공염불空念佛이 되지 않게 해야할 것이다.

시간이 되면 말콤 글래드웰의 『블링크Blink』라는 책을 한번 보라고 권해 본다. 1–2초안에 결론이 난다는 의미의 책 제목이다.

숨겨둔 본(本)모습을 찾아라:
면접장 밖 열전(列傳)

"80등부터 120등까지는 실무자인 자네들이 최종 판단을 하라"라고 지시를 했다. 면접장 진행과 보조를 맡았던 대리, 사원급 직원들에게 주문했다. 그랬더니, 의외의 답이 나왔다. "80등이 불합격이고 120등이 합격입니다" 극단적 경우이고 놀랄 일이었다. 면접장 안에서의 '내숭'과 대기 시간, 면접 전후의 '본 모습'이 너무 달라서 면접관이 '속았다'라며 그 이유를 말하는 것이었다.

조금 자세히 살펴보자. 100명 선발계획에 250여 명의 면접 참가자 성적을 정리한 결과 커트라인이 되는 100등 전후의 점수는 소수점 1-2자리까지 비슷하다. 예컨데 80등이 85.43, 81등이 85.41…109등이 84.65, 110등이 84.64, 111등이 84.61 등으로 이어지는 경우이다. 5명의 면접관이 제각각의 시선으로 평가한 것을 종합해 나온 결과이다. 40명을 두고 면접절차를 진행하며 지켜본 실무자들의 의견을 반영해 본 것이다. 임원들의 점수를 뒤집는 결과이다.

입시入試와 같이 엄격한 점수 반영보다는 긴장을 내려놓고 무의식적으로 나타나는 모습이 실제 입사 이후의 모습과 가장 흡사하다는 판단에서 진행한 것이다. 정형화되고 조작操作될 가능성이 높은 점수에다 면접장 밖의 다양한 관찰 모습을 대입시켜 보는 것이다. 실제 입사이후에 상황은 면접장의 긴장된 모습보다 면접 전후와 같은 무의식적인 행동으로 조직생활을 하며 고객을 상대할 일이 많다는 것을 감안하여 도입한 방식이다.

좋아 보이는 모습과 유난히 눈살을 찌푸리게 하는 양극단의 행동을 모두 찾아보자고 실무자들에게 준 미션MISSION이다. 최종 합격자 판정 단계에서 관찰한 내용을 하나하나 챙겨보며 인사부 직원 전원이 실무적인 결론을 내리고 최고경영진에 보고를 하는 것이다.

다르게 표현하면 지원자의 숨어 있는 '빙산의 일각'을 찾는 작업이다.

긴장이 풀어진 일상 상황에서의 모습을 본 것이다. 10%로 나타나는 정형화되고 다듬어진 모습보다는 잠재의식에 있는 90%의 풀어진 일상적인 모습을 관찰한 것이다.

자연스럽게 지켜보는 면접장 밖 평가요소들

하나하나를 간단히 살펴본다.

— 면접 집합장소에 들어와 자리 잡는 위치를 본다. 앞이냐 뒤냐? 통로냐 안쪽이냐? 적극성과 배려심을 보는 것이다. 당사자 입장에서는 불가피한 경우도 있지만 무의식적으로 습관화된 모습이 나타난다.

— 이름을 불러 본다. 출석 체크한다고 하며 한 명 한 명 이름을 불러 본다. 그리고 답하는 모습과 목소리를 들어본다. 그리고, 소리가 적으면 어디 있냐고 눈으로 찾는 시늉도 해 본다. 다양한 행동이 나온다. 학교 강의 시간의 습관 그대로다. 두 번 세 번 부르면 짜증 섞인 답이 나오기도 한다. 목소리가 힘이 없고 기어들어 가는 경우도 많다. 반면에 맨 뒷줄에 있다가 크게 손들거나 벌떡 일어나며 손을 흔드는 경우도 있다.

— 면접 대기시간을 관찰한다. 짧게는 10-20분, 길게는 2-3시간 대기를 한다. 대기시간을 최소화하려고 하지만 그렇지 못할 때도 있다. 예를 들어 성명 가나다순으로 면접을 하는 경우에 황, 홍씨 같은 경

우는 기다리는 시간이 길어진다. 다양한 본모습이 나타난다. 어떤 경우든 대기시간을 의미있게 활용하는 것은 직원들의 자기관리에 중요한 요소다.

— 면접 마치고 돌아 나가는 모습을 본다. 대기업의 경우는 면접을 모두 마치면 나가는 길에 '면접비 혹은 교통비'를 지급한다. 입사 지원에 대한 감사와 하루 종일 피곤한 일정에 대한 수고의 의미이다. 보통 인사부의 직급이 낮은 직원이 직접 지급하며 개인 서명을 받는다. 그때 '그냥 가느냐? 감사 인사라도 하고 가느냐? 혹은 낚아채느냐?'를 본다. 가끔씩은 즉석에서 봉투 금액을 확인하는 경우도 있다. 얼굴빛과 중얼거리는 소리를 들어보니 어제 면접 본 회사와 금액을 비교하는 것이다.

— 오가는 길에 말을 걸어 본다. 면접대기장에서 면접장으로 인솔해가며 걸음걸이나 자세, 표정 등을 관찰하는 것이다. 질문도 던져본다. 면접을 마치고 나오는 표정도 본다. 의연한가, 재잘거리는가 등의 유난스런 행동뿐만 아니라 스스로 면접 내용을 평가하며 구시렁거리고 까불거리는 것도 눈에 들어온다.

— 손으로 글을 쓰는 과제를 줘 본다. A4용지를 주면서 '본인이 제출한 자기소개서를 10분 이내에 몇 자 이내로 요약해 달라'고 해본다. 그리고, 이 글을 면접장의 위원장에게 드릴 것이라는 전제를 한다. 긴장하는 모습이 역력하게 보인다. 특히 자기소개서를 본인이 직

접 구상하고 썼느냐 아니면 베끼거나 남이 해 주었느냐를 찾아낼 수 있다. A4용지 한 장을 사용하여 균형감 있게 서류를 작성하는 기본이 있는지를 보게 된다.

— 지원자들의 손글씨를 보는 경우도 있다. 컴퓨터 타이핑 시대이지만 최고경영자의 철학으로 '반듯한 글씨'는 손끝 솜씨를 평가하는 도구이기도 하다. 오해는 하지 말기 바란다. 글씨 못 쓴다고 불합격시킨다는 뜻은 아니다. 너무 심하게 못 쓰면 다시 한번 본다. 잘 쓴 글씨는 모든 이미지를 좋게 만들기도 한다. 업무 환경이 늘 컴퓨터가 붙어 있지 않은 것도 이 평가를 진행하는 의미이다.

면접은 시험이 아니며 삶 그 자체이다

이제 이런 내용을 알고 나면 더 조심스럽고 위축될 수 있다. 하지만 자연스럽게 습관화된 긍정적 태도는 면접에서 유·불리를 떠나서 매력 있는 사람이 되는 평가요소이며 조직생활을 할 때 몸에 익혀두면 좋은 것들이다. 취업준비를 통해 유효기간이 '평생'인 습관을 억지로라도 만들어 두면 제 값을 할 것이다. 그러면 이런 열전(列傳)에 걱정이 앞설 이유도 없을 것이다.

"우리 조카 Wharton MBA야! 뽑아줄 거지?": 기업에서 보는 MBA의 가치

내가 다녔던 회사인 ㈜대우 무역부문(지금은 '포스코인터내셔널'로 개명)은 예나 지금이나 글로벌 활동을 꿈꾸는 취업준비생에게는 선호도가 높은 회사이다. 그래서, 공채 시즌이 되면 미국 유수의 대학교 경영대학원 졸업자, 즉 MBA 출신들이 유난히 눈에 띄게 많이 지원을 했었다. 종합상사이니 '전략, 금융, 재무, 글로벌 시각' 등을 갖춘 사람을 당연히 좋아할 것으로 생각하며 '따 놓은 당상'같이 인식을 하고 지원하는 경우가 많았다. 노력과 시간, 비용 등을 감안하더라도 그럴 것이라는 생각을 많이 하였다.

심지어는 회사 내부의 임직원들조차도 그런 생각으로 조카들이나 친지들을 추천하며 자신감을 보이곤 하였다. "박 과장! 우리 조카 Wharton MBA 출신이야! 당연히 뽑아줄 거지?"라는 말을 자주 들었던 것이다.

하지만 인사과장인 내가 하는 답은 다음과 같다. "사람 따라 다릅니다. 학위나 MBA가 전부는 아닙니다. 뽑았다가 독毒이 되는 경우를 더 많이 보았습니다."

MBA학위 보유자의 조급함

직원들의 역량의 두 축은 일에 대한 전문성과 사람에 대한 관계성이다. MBA에 대한 인식도 이 두 가지 측면을 보는데, 종합상사에서는 일정 수준에 오르는 데에 시간이 걸리는 편이다. 학위의 가치를 인정받고 싶어 성과를 내고자 조급하지만 시간이 걸린다. 업무 이해에 필요한 시간과 지켜보는 상사上司의 생각과 조화를 이루어야 하는 것이다. 그런데, 정작 당사자는 본인의 진가를 알아주지 않는다는 성급한 판단으로 6개월을 채 넘지 못하고 사표를 내는 경우가 많았다.

종합상사가 다른 산업대비 일정 수준에 오르는 데 시간이 걸린다는 것을 업무적 측면과 관계적 측면으로 나눠 보겠다.

업무에 대한 전문성은 궁극적으로 취급하는 제품이나 바이어 혹은 서플라이어(제조사)에 대한 이해가 전제되어야 한다. 맡은 일의 경중輕重과 우선 순위의 판단, 문제해결 능력, 커뮤니케이션 능력 등도 업무를 통해 배우는 것들이다. 심지어는 기초적인 문서, 무역관련 서류작업 등도 습득에 시간이 필요한 것들이다. MBA라는 학위가 실력을 발휘하는 기초 저변 지식은 되겠지만 특정한 업무, 다양한 속성을 가진 본업本業의 전문성을 높이지는 못한다.

업무처리의 인간관계적 측면도 마찬가지다. 회사 내보다는 국내외 외부 거래처와의 관계형성은 전문성 개발과 걸맞은 수준의 관계관리가 필요한 것이다. 관계자가 전 세계에 흩어져 있기도 하다. 그러기에 시간이 걸릴 수밖에 없는 요인들이다.

거기다가 MBA를 받고 오면 통상적으로 학업기간인 2년을 경력으로 인정해 주었다. 당연히 급여를 더 받고 진급에도 유리해진다. 그런 만큼 밥값도 해야 한다. 가끔씩은 성과를 내지 못하면 옆에 있는 동료들 눈치도 보게 된다. 학사학위의 직원이 업무를 더 잘하는 경우에는 당사자들의 볼멘소리도 듣게 된다. 국가자격증 보유자들이 자격증으로 인해 안주하는 경향이 많아 그들을 꺼리게 되는 것과 비슷한 현상이다.

이런 것을 예상하고 잠재적인 인재일 것이라는 기대를 가지고 1년 정도를 기다려 본다는 마음으로 뽑았는데, 채 6개월 정도면 갖은 핑계로 관두는 경우가 많았다. 그러다 보니, 실무자들조차도 "과장님 다음에는 MBA출신 절대로 뽑지 말죠"라는 소리가 튀어나왔다.

학위 자체의 가치는

그러면 MBA학위를 일반적으로 어떻게 볼 것인가? 종합상사의 경우는 선호보다는 기피대상이 되었지만, 업종이나 산업 따라, 혹은 직급에 따라 그 가치가 달라진다. MBA에서 학습한 내용을 현업에 활용하기 위한 근접성이 제각기 다르기 때문이다. 경영전략, 재무회계, 마케팅, 금융, 생산관리, 인사조직, 기업문화, 경영정보, 글로벌경영 중에 환경이나 시대에 따른 변화가 적고 배운 것들이 상당히 실무에 적용이 되는 경우는 크게 쓰일 수 있다. 특히 기업에서 쓰는 기준이 법이나 제도로 규정화되어 있는 분야인 재무회계나 금융 등은 바로 써먹는 경우가 많다. 덕분에 해당 분야에 종사하는 직원들이 재직 중에도 MBA학위 취득을 목적으로 대학원에 입학하는 경우를 많이 보았다.

두루두루 보는 시각과 관점의 보유

나는 대우에서 인사업무 13년차 시점인 36세 때 경영대학원 공부를 시작했다. 그것도 낮에는 정상업무를 하며 야간에 공부하는 대학원을 갔다. 일주일에 2–3일을 수업을 듣는 데 상당 부분이 겉도는 느낌이었다. 시험 치고 나면 금방 잊어버리는 것도 대학시절이나 비슷했다. 2학기가 끝나는 시점에 학교를 포기했다. IMF외환위기로 대우그룹의 존폐논의가 오가던 때에 한복판 실무자인 '경영기획부장'으로 자리를 옮기며 도저히 감당이 안 되었다.

그런데, 몇 년 후 대우종합상사를 관두고, 중소기업에 '상무' 직함으로 이직을 했다. 3년만에 대학원을 복학하여 3학기부터 다시 시작하여 총 5학기 만에 졸업하며 학위를 받았다. 국내영업을 주로 하는 중소규모 회사의 경영총괄업무를 하다 보니 대학원에서 공부한 것이 즉각적으로 업무에 활용이 되었다. 공부와 업무가 상생작용을 하며 많은 도움이 되었다.

그런 경험으로 볼 때, 학위를 취득한 것이 업무에 연관된 것을 헤아리거나 통합적 관점을 가지는 데에는 큰 도움이 되었다. 그래서 후배들에게 MBA 학위는 한 업무에서 10여 년을 일한 다음에 시도하라고 말을 하는 편이다.

하나 아쉬웠던 경우는 당시 '경영기획부장'의 직함을 가지고 우리 회사의 등급평가를 해주는 전문 회사의 회계사 또는 은행원들과의 업무가 많았다. 그때 나 스스로가 재무, 금융, 전략적 측면의 이슈와 균형과 통합의 실력이 없어서 어려웠던 적도 있었다. 한참 세월이 지난 후에야

MBA공부를 진작 했었다면 하는 생각도 들었다.

결론적으로 MBA 학위의 가치는 종사하는 산업에 따라 다르고 업무의 SCOPE에 따라 다르다. 그냥 보기에 글로벌 이슈가 많고 효용도가 많아 보이는 '종합상사'는 그렇질 않았다.

면접기출문제와 TMI(과잉정보): 인터넷의 과잉정보와 부메랑

신입직원을 뽑는 공채 시기가 되면 인사부 직원들은 분주해진다. 채용 규모를 결정하는 일부터 선발 인원을 확정해서 신입사원 연수를 시키고 부서배치까지 끝내야 하는 긴 여정 때문이다. 입사지원서 항목을 결정하고 자기소개서 소제목을 설정하는 일도 큰 일이다. 지원자의 진면목을 가려낼 수 있는 면접질문을 생성하는 일도 머리를 짓누른다. 우리 회사의 과거 면접 질문이 인터넷에서 유통되고 해괴한 정답이 달리기도 하기 때문에 해마다 색다르면서 보편적인 질문을 생산하는 일은 보통 어려운 일이 아니다.

요즘 쓰는 인터넷 용어 - TMI와 취업 돈벌이

어느 날 직원이 물어본다. "전무님! TMI 아세요?" "응? 무슨 말이야?"
라고 했더니 "Too Much Information입니다. 약간 시니컬하게는 '안 본
눈 삽니다. 안 들은 귀 삽니다'라는 뜻입니다." 너무 과도한 정보, 너무 많
은 사람이 알고 있는 정보인지라 옛말로 '말하면 잔소리'라는 표현이다.
재미있는 용어라는 생각이 들었다.

이 단어가 적합한 상황이 생각났다. 취업이 어렵다 보니 나타난 상업
적 목적으로 생겨난 회사나 기관들의 활동으로 인해 기업, 특히 면접에
대한 어설픈 정보들이 흘러넘치는 상황을 빗대는 말이라는 생각한다. 여
기에 인터넷이라는 도구로 인해 '정보욕'을 충족시키는 수준 이상의 입사
자료가 하늘을 찌른다. 당락을 가르는 정보로 '기출문제旣出問題'라는 이
름으로 취준생의 불안 심리를 타고 넘는다.

치열한 숨바꼭질

기업의 '인재人材'는 '기초적인 실력을 바탕으로 다양하게 접하는 문제
에 대한 해결능력이 뛰어난 사람'이라는 정의가 바탕에 깔려 있다. 4년간
만 공부시키면 되는 대학의 입시하고는 근본이 다른 것이다. 그래서, 기
업 인사담당자들은 '외워서 답하는 것 제일 싫어한다. 입시 준비하듯이
하지 말라'고 목 놓아 외치고 있다.

그런데 웬걸! 면접에서 주고받은 질문이 몇 시간만 지나면 인터넷에 떠

돌아다닌다. 오전에 던진 문제가 오후가 되면 나타나는 극단적인 상황도 있다. 수많은 질문 중에 하나라도 누출이 되면 그 질문을 알고 면접장에 들어오는 만큼 공정성도 문제가 되지만 회사의 신뢰도에 문제가 생긴다.

이러한 현상은 2000년대 초 취업포털이 생겨나면서부터 더욱 극성을 부렸다. 회원 수의 순위다툼이 기업의 실력으로 직결되는 사업의 속성상 회원가입의 촉발제로 '면접질문 긁어모으기'가 이어진 것이다.

거기에 인터넷 취업카페가 줄을 이었다. 문건 열람 수, 댓글 수 경쟁에 이어 회사별, 업종별 질문모음집까지도 등장을 하였다. 심지어는 인적성검사 문제까지도 유출된 듯한 자료가 돌아다니기도 했다. 이런 상황을 인사부가 모를 수가 없었다. 그래서 다양한 채널로 '외워서 오지 말라'는 메시지를 띄운다. 캠퍼스 채용 설명회, 홈페이지, 언론인터뷰 등 모든 채널에서 공통적으로 던졌던 말이다.

더 한심한 현상과 피해자 - 질문의 정답이라는 것들

인터넷에 올라온 면접 질문에 '정답正答'이라고 달린다. 한번 튀어보고 싶은 사람들이 강사라고 우후죽순같이 등장한다. 심지어는 유튜브에서 명강사라고 자칭하며 돌아다닌다. 대학입시에서 면접에 답하는 방식 그대로 이곳저곳에서 답을 달고 떠들어댄다. 면접관도 하고, 면접관을 모시기도 하고, 면접질문을 만들어 나눠주기도 하는 업무를 30년 했어도 뭐라고 답하기 힘든 질문들의 정답이라고 올라오는 것이다. 그걸 본 취준생은 외워서 면접장에 들어간다. 더 큰 함정에 빠지는 꼴이다. 정답을 가지고 면접 보고 인재를 고를 수 있을 것 같으면 기업에서 진작부터 시험이나 학점으로 뽑았을 것이다.

인사담당자와 취준생 간에 끝없는 숨바꼭질이 이어진다. 쫓는 자와 쫓기는 자, 창과 방패의 싸움 같다. 기본이 되는 몇 개의 핵심질문과 입사지원서, 자기소개서 항목을 중심으로 주고받으며 저울질하면 될 일이 '국가고시國家考試'를 준비하는 수준의 업무 부담으로 돌아온다.

TMI와 상관없이 잠재의식을 파악하여 평가하려는 노력, 문제를 주고 팀으로 풀어가는 모습을 지켜보는 평가센터Assessment Center법 등을 개발하는 노력이 그런 것들이다. 심지어는 1박 2일 동안 합숙, 관찰하며 면접을 보는 진풍경도 벌어진다.

일상적인 생활과 대학생활을 통해서 길러진 상식과 태도로 답하면 될 일들에 너무 많은 시간과 노력을 쏟아 붓고 있다. 언론에서는 취준생의 과잉 노력을 위로하듯 문제점을 지적하며, 그런 현상의 주범이 기업인 양 보도도 한다.

'어떻게 우리 과정 면접을 준비했느냐?'의 질문

지난 5월, 6월 2차례에 걸쳐 약 300여 명의 면접을 보았다. 필자가 실무를 총괄하는 '글로벌청년사업가양성과정GYBM' 연수생을 선발하는 면접이다. "합격하기 위해 어떻게 준비를 했냐"고 면접자들에게 중간중간에 질문을 해봤다.

이구동성으로 인터넷에서 찾아보았다고 한다. 다행히 우리의 면접방식은 거의 찾아볼 수 없었다고 한다. 안도의 한숨을 돌렸다. 1년간 합숙이라는 긴 연수와 동남아 취업이라는 특수성을 감안, 예상치 못할 방법으로 면접을 설계한다. 해마다 그런 면접을 개발한다고 머리가 빠질 지경이다.

"면접을 보고 나서 질문 내용이나 방법을 SNS에 올리는 사람을 어떻게 생각하세요?"

"바보 같은 짓이라 생각합니다. 이 행위가 다음 번 채용과정에 심한 왜곡현상을 일으키는 것도 문제일 것이고, 외워서 합격이 되면 정작 회사일을 잘할까요? 대학입시면 몰라도 시시각각 바뀌는 비즈니스현장의 인재는 외우는 능력이 아니라 적응하고 해결하는 능력이 필요할 테니까요."

무조건 합격이라고 표시를 해둔다.

'척 보면 압니다'라는 슬픈 이야기: 나 중심의 사소한 행동이 주는 메시지

인사업무를 오래 했다고 하면 듣는 말이 있다. "인사부 근무를 오래

하셨네요! 처음 본 사람도 척 보면 알겠네요?" 혹은 "사람들 보면 금방 예스, 노를 가려내겠네요?" 등이다.

"당연하지요. 돗자리 깔고 앉아도 돈 벌 수 있을 정도입니다"며 까불었던 어린 시절도 있었다. 작은 행동이나 말씨만으로도 됨됨이나 성격을 판단하고 시간이 지난 후에 피드백하면 잘 맞았다. 많은 사람을 만나면 한번 짐작해 보고 일정 시간 후에 맞춰 보면서 통계적 감각이 형성된 것이다.

인사부 근무하는 13년 동안 매년 입사서류 10,000여 장, 면접 500여 명을 보고 200여 명을 선발하는 의사결정을 해 왔었다. 인사관리업무 전반을 담당하다 보니 부서배치와 이후의 근무평가, 인사고과로 이어지는 자료를 보면서 자연스럽게 선발 당시 결정의 효과를 피드백하며 만들어진 감각이다.

척 보면 안다는 것이 자랑인가?

요즘은 강의장에서 강사로서, 교수로서 사람을 짐작해 본다. 척 보는 눈으로 가늠을 한다. 자랑하는 것이 아니다. 결과가 어김없이 맞다는 것이 '슬프다'는 것이다. 특히 좋지 않은 모습은 어김없이 맞는다.

지난 2018년 10월경에 어느 대기업에서 명예 퇴직한 40대 후반에서 50대 초반의 남자분들 30여 명을 대상으로 인생 2모작에 대한 강의할 때의 일이다. 강의장에 들어와서 앉는 자리와 표정을 눈여겨본다. 사소한 행동으로 짐작해 보고 시간이 지나면서 확신으로 바뀌었다. 세 가지 포인트가 당장 눈에 들어왔다.

먼저, 강의장에 들어와 자리를 잡는 것으로 판단이 가능하다. 3~4개 책상이 좌우로 연결된 상황에서 잡는 자리가 양쪽 끝단이냐 가운데냐로 판단하는 것이다. 먼저 들어온 사람의 대개가 복도쪽에 자리를 잡고 가운데는 비운다. 그리고, 들고 있던 가방과 외투를 바로 옆자리에 올려 둔다. 눈길은 스마트폰으로 간다. 뒤에 들어온 사람이 안쪽의 비어 있는 자리로 들어가려면 양해를 구해야 한다. 끝자리에서 길을 막고 있기 때문에 보통 불편한 것이 아니다. 배려라고는 티끌만큼도 없는 모습이다.

다음은 강의 시작할 때의 모습이다. 강단에서 '강의 시작합니다'라고 첫 마디를 뗀다. 마지못해 머리를 드는 모습이 대부분이다. 작은 시간 하나도 '준비'가 되어있질 않다. 그러다 보니 늘 늦거나 상대방에게 관심이 없다는 것을 몸으로 보여주고 있다. 누가 거래하고 누가 관계를 맺고 싶겠는가?

마지막으로 강의를 듣는 눈빛이다. 강의가 스며드는지 아니면 강사를 평가하고 있는지가 보인다. 전에 들은 것 같은 글귀가 나오면 벌써 팔짱 끼며 다 알고 있다는 투의 모습이다. 다른 관점의 해석이 있을지도 모르고, 또 다른 지혜가 있을지도 모르는 데 강의는 안중에도 없고 표정에는 지루함이 역력하다. 늘 이런 사람들은 몰라서 안 하는 것이 아니라, 알고도 안 하는 것이 문제였고 밀려서 이 자리에 와 있는 것을 확인하게 된다.

그때야 "아 참! 이분들 명예퇴직자라고 했지?"라는 생각이 들었다. 40대 후반에 회사를 나왔다. 다른 이유도 있겠지만 대개가 더 이상 진급이나 조직 생존이 어렵다는 판단으로 나온 분들이다. 변화에 대한 저항이 큰 분들이라는 짐작도 맞았다. 몇 가지 관찰만으로도 '오늘도 교육은 받지만 취업도 어렵겠구나'는 판단이 되었다. 세월이 지난 후 적당한 타이밍에 그들의 다음 행보를 탐문해 보았다. 예측한 대로와 별 차이가 없었다.

척 보면 알게 되는 모습으로 사람을 가까이 오게 만들자

이런 사실들이 유난히 슬프게 와닿는다. 작은 모습, 행동 하나가 그 사람의 전부를 판단하는 단서端緒가 되고 정확하다는 것이. 구체적인 행동 하나가 사람을 불러 모으기도 하고 멀리 물리기도 한다. 직장생활에서 아무도 이런 사실을 가르쳐 주지 않는다. 직장 상사上司나 동료도 이런 충고는 하지 않는다. 가끔 듣는 강의 시간에서도 강사가 말해 주지 않는다. 그런 위기감과 수강생에 대한 책임감으로 강의 중에 '잔소리'를 한다. 대학생이든 직장인이든… 수강생들보다 5-10년 사회선배의 경험으로….

"안으로 앉으시고, 옆자리를 비워 두시지요. 강사와 눈 맞추고, 고개 끄덕거리고, 메모하세요. 그래야 그 습관으로 또 다른 누군가가 나의 편이 되고 나의 팬이 됩니다. 새로운 세상에서 성공할 확률이 높아집니다."

그러면 불편한 표정을 지으며 "뭐 그런다고 달라지겠어?" 하는 표정을 짓는다. 다음은 뻔하다.

'스펙(Spec)' 중시와 무시의 불편한 진실: 기업 속성과 대학 현장

　최근 추세는 '블라인드 채용'으로 탈脫스펙을 부르짖고 있다. 며칠 전어느 신문에서도 스펙 중심의 채용관행이 근절되지 않아서 지방대생의취업이 어렵다고 보도가 되었다. 수시로 언급되는 일들이기도 하다. 지금의 문재인 대통령께서 나서서 취임 일성으로 말하고 있고 산업인력공단에 그 일을 전담하는 조직까지 만들 정도이다.

　그런데, 실제로 민간 기업의 현장 분위기는 냉랭하다. 스펙을 더 중시하는 모습도 보인다.

탈스펙의 양면성 때문이다

　기업이 스펙에 관심 갖게 되는 것은 '시간, 비용과의 싸움' 때문이다.좀 더 정확하게, 좀 더 빠르게, 좀 더 시간을 줄여서 인재를 선발하는 의사결정을 하고 싶은 것이 기업의 속성상 맞다. 시간과 노력이 돈(비용)이기 때문이다.

　글로벌 경쟁의 현장에 가면 1원, 2원의 작은 원가 차이로 승패가 갈라지는 경우가 허다하다. 조금이라도 비용을 아끼는 가장 좋은 채용, 선발의 의사결정 방법은 지원자의 이력서만 보고 '합격'을 결정하는 것이다.지원자에게도 최고의 방법일 수도 있다. 충분히 예측이 가능하고 시간과비용을 줄일 수 있기 때문이다.

기업에서 원하는 인재상 중에 가장 많이 등장하는 단어는 '도전', '끈기'이다. '도전'은 불확실성으로 인해 회사와 본인의 미래를 위한 최소한의 자질이다. '끈기'는 치열한 경쟁 속에서 신뢰와 전문성을 쌓는 최소한의 태도이다.

그런데, 소위 좋은 학교, 좋은 스펙을 보고 채용을 확정했더니 낭패를 당하는 경우가 많다. 스펙을 기록한 입사지원서나 이력서를 보면서 '착시현상'이 생겼다. 스펙 좋으면 도전도 잘하고, 끈기도 있으리라 생각했는데 그렇지가 않았다. 갈수록 그 괴리가 더 심해지는 것도 느껴진다.

그래서, 기업은 30여 년 전부터 무자료면접을 시도해 보았다. 적어도 필자가 그렇게 했었고 당시 교류하던 많은 인사부 부장, 차장, 과장들이 모여 서로 방법을 연구하며 적용해 보았다. 그 이후에도 자주 무자료 면접에 도전을 해 보았다. 그런데, 그 결과는 늘 비슷했다. 좋은 학교 출신이 일 잘하는 것도 아니고 토익 영어 점수가 높은 사람이 실제 영어를 잘하는 것이 아니고, 열심히 일하겠다고 해서 합격시킨 사람이 말도 안 되는 이유로 중도에 관두는 것을 보았다.

블라인드 면접의 실행

그러면 면접관에게 백지를 주고, 스펙을 짐작하게 하는 질문은 못 하게 하는 블라인드 면접을 하면 어떤 결과가 나왔을까? 취준생의 학창시절 경험을 기반으로 하는 '도전'을 유도하고 압박면접을 하며 미래의 '끈기'를 짐작해 보았다. 그런데, 블라인드평가 결과도 대체적으로 스펙과

일치하였다. 그래서, 다시 마음과 눈길을 스펙에 두고 중시하는 결과가 나온 것이다. 그런데, 그나마 좋았다는 사람(스펙이 좋은 사람)도 또다시 마음에 안 드는 현상에 낭패감을 접하게 되었다. 좋은 스펙이었으나 도전하지 않고, 끈기도 부족하였다.

그 이유가 무엇이지를 찾다가 고등학교, 대학교의 수업시간, 강의장에서 발견했다. 여러 대학교(필자의 경우 매년 적어도 50여 개 대학)에서 강의를 하다 보면 익히 보는 광경이 하나 있다. 질문을 하며 '답해 볼 사람'하고 손을 들라고 하면 한사코 손을 들지 않는다는 것이다. 스펙에 상관없이 뭘 시켜보면 차이를 전혀 못 느낄 정도로 소극적이고 참을성이 없음도 본다. 그렇게 대학생활이 취업 점수에 도움이 안 되고 변별력이 전혀 없다면 인사부 입장에서는 누굴 뽑아야 할까?

그나마 참고할 수 있는 유일한 근거INDEX가 대학이다. 적어도 고등학교 때 공부(라도) 잘하려고 노력한 결과이기 때문이다. 제도권의 학교교육(특히 고등학교, 대학교)은 결과적으로 '도전'과 '끈기'가 필요없고 평가하지 않았다. 외운 것을 평가해서 진학進學시키고 학점을 주었다. 뱅뱅 도는 순환 논리 같은 말이 된다. 실제 이 두 극단의 상황에서 오가는 최고의 고민이 인사부 담당자 머리에서 맴도는 것이다.

대학과 정부당국자들이 '탈脫 스펙'을 말하려면 대학에서 제대로 가르쳐야 한다. 그런데, 돈이 없어서 그렇게 못 하겠다고 한다. 한 강의장에 들어가는 학생 수가 해가 갈수록 늘어난다. 대형 강의화된다는 것이다. 질문하고, 답하고, 생각하고, 팀플레이하는 기회가 갈수록 줄어든다. 원하는 인재상과 철저하게 반대로 가는 교육 환경이 조성되고 있다. 그래서, 적어도 한국 교육에서 블라인드 채용이 의미를 가질 것이라는 기대는 백년하청百年河淸이 되어 가고 있다.

　결론은 스펙은 중시하고 무시하는 것의 문제와는 전혀 다른 요소인 '도전과 끈기'에서 찾아야한다. '취업하고 싶으냐?' 무조건 손들어라. 내가 먼저 하겠다고 하라. 틀리는 것에 주눅들지 말아라. 그리고, 그것을 즐기는 단계가 될 정도로 습관화시켜라. 면접에서 그냥 좋은를 점수 받을 것이다. 스스로 스펙의 굴레에서 빠져나오는 것이 급선무이다.

면접관의 역량 향상: 경력직 채용에 있어 '역량'과 적합한 인재의 선별

　Healthcare분야의 모某외국계기업에서 '면접관 교육'을 진행한 적이 있다. 제3자인 강사의 입장에서 회사 비즈니스 분야의 특수성을 파악하여 일반적인 강의로 진행하기는 무리가 있어, 교육보다는 Workshop을 진행한다는 차원에서 6시간을 진행하였다.
　회사는 신입사원은 뽑질 않고 경력사원을 수시 채용을 한다고 했다. 그러다 보니 채용선발을 위한 면접 등의 무게감이 크다고 한다. 팀장급으로 1차 면접, 임원급으로 최종면접을 본다고 했다.

　교육 대상 전원이 임원 그리고 팀장들이었다. 대개가 그냥 '좋은 사람'을 찾던 시대에 직장생활을 시작했을 것으로 생각된다. 하지만 지금은 보다 과학적 의미의 인재선발에 집중을 할 필요가 있다. 특히, 비즈니스 분야가 글로벌화되어 있는 회사이다 보니 경쟁의 강도가 남다르게 느껴진다. 경우에 따라서는 정부가 경쟁자가 되는 상황도 보인다.

강의의 흐름을 다음과 같이 이어갔다.

- 그 회사의 고객과 경쟁자, 가치의 정의
- 이를 위해 회사와 직원이 갖추어야 할 핵심역량(직무, 직책)의 정의
- 그 역량에 적합Right한 인재를 분별할 수 있는 질문 만들기
- 그 답변에 평정을 하되 현재와 미래의 확장성 등을 고려

그중에 제일 어려운 대목이 '역량'에 대한 이해이다. 일반적으로 말하는 '능력ability'과 다르기 때문이다. 역량이라는 단어를 영어로 풀어보면 비교적 이해가 쉬워진다. 'Competency=Compete+Ency'이다. 즉 '보다 잘하는, 더욱 잘하는' 사람을 말하는 것이다. 개인적으로 가장 잘하는 직무분야가 있어도 동일업계 경쟁자의 역량과 비교해 보아야 한다. 그러다 보면 의외로 본인이 가진 2번째, 3번째의 역량이 더 유용할 때도 자주 보게 된다.

역량 중심의 면접CBI: Competency Based Interview은 모든 산업분야에서 지식, 기술의 급격한 증가와 경쟁의 심화로 인해 세분화된 영역에서 경쟁력을 갖춘 사람을 필요로 하게 된 것이 배경이다.

첫째, 세분화된 세상에서 모든 것을 잘할 수 없다. 그래서 각 개인의

강점을 찾거나 가진 사람을 뽑아야 한다. 그 강점은 조직 내 혹은 경쟁자와 비교해서 '보다 잘하는' 사람이어야 한다.

둘째, 부족한 부분은 다른 사람을 통해 보완하여야 한다. 그러자면, 인간관계 중심의 리더십과 연결하는 능력 즉, 이연연상의 중요성이 부각되며 경청과 겸양이라는 덕목이 기초적으로 중요해진다.

회사 내 기존 직원이 가지지 못한 영역에 적합한 인재를 찾되 가급적 경쟁자(회사)보다 잘하는 사람을 찾아내는 것이 선발의 핵심이 되는 것이다.

그래서, 기초역량(5개)을 기본으로 하고 지식역량(8개), 기술역량(8개), 태도역량(8개), 종합역량(8개) 중에 핵심을 각각 2개씩, 준핵심을 각각 2개씩 선정하고 질문을 만들어 갔다. 노련한 방법으로 우회해서 질문하는 법, 드러난 부분만이 아닌 깊숙한 내면을 관찰하는 기법도 강의를 하게 되었다. 다행히 필자가 20여 년 전에 중소기업의 경영을 하며 봐왔던 면접 경험이 큰 도움이 되었다. 당시 채용했던 사람들이 매출규모가 10배 정도 성장한 지금도 그 회사에 근무하며 기여하고 있는 모습이 큰 힘이 되었다. 이젠 이런 부분에 대한 인식 전환과 노력이 더욱 필요한 시기가 된 것이다.

"이런 식이면 나도 불합격이다"라는 어느 임원의 푸념: 쫓고 쫓기는 치열한 숨바꼭질 같은 면접

세상이 끝 모를 지경으로 어수선하다. 코로나19사태가 글로벌차원으로 확산되고 있다. 국가적 리더십은 실종을 넘어 허공에 '똥볼'을 차대는 꼴이 계속 이어진다. 교육, 의료, 행정은 말할 것도 없고 기업, 자영업은 직격탄을 맞는다. 글로벌 공급 사슬망이 끊어지며 자재와 상품의 흐름이 끊기고 인적교류가 헝클어지며 인사운용도 대혼란을 겪고 있다. 청년들의 취업문제는 앞이 보이질 않는다. 사람이 모이는 것을 피하기 위해 공채시기를 미루는 것은 고사하고 얼마나 뽑을지도 걱정이다.

당연히 선발, 채용하는 신입사원이 줄어들 것이다. 2명 뽑던 것을 한 명으로 막을 것이다. 채용조건도 더 까다로워질 것이다. 이런 상황이 언제 종식될지 모르나 정작 사람이 필요하다면 특정 시점에 모아서 채용하던 것을 멈추고 추천, 혹은 별도 채널로 사람을 구할 공산이 커진다. 취업대상자들도 손 놓고 있어서는 안 된다. 어수선한 상황으로 취업준비니 미래 대비니 하는 것들이 손에 잡히지 않을 것이다. 이해가 된다. 그래도 준비하고 있어야 한다.

필자는 한창 일할 나이인 30대 후반에 IMF외환위기를 맞았고 위기의 한복판에 있었던 회사에서 근무했기에 진작 겪은 일이다. 언젠가는 지나간다. 상징성을 가진 내용을 한번 정리해 본다.

요즘의 채용절차와 면접

최근에 만난 후배들 중에 대기업의 인사담당 임원이나 면접에 참여했던 임원들을 만나면 한결같이 하는 말이 있다.

"선배님! 요즘 채용절차가 너무 까다롭습니다. 이런 식이면 지금 임원인 저희들도 입사 못 할 것 같습니다. 요즘 청년들 불쌍합니다. 제 아들딸들이 힘들어하는 모습도 안쓰럽습니다."

그런데, 인사업무를 치열하게 20여 년간 하고 나와 가르치는 현장에서 15년을 지나며 창과 방패를 모두 겪은 모순矛盾: 창과 방패의 세월을 살아온 입장에서는 생각이 다르다. '반은 맞고 반은 아니다'라는 결론이다.

맞는 것은, 까다로운 전형으로 청년들에게 필요 이상 주어지는 피로감과 절망감이다. 아닌 것은, 한국기업의 위상 강화와 치열한 경쟁자의 추격, 취업고시考試 수준의 희한하고 얼토당토않는 교육의 왜곡으로 생겨난 일이니 당연한 현상이라는 것이다. 그리고, 오히려 이를 통해 제대로 된 취업준비로 기회를 만들 수 있다.

그러면, 취업전형이 왜 과도하게(지금의 임원들이 혀를 내두를 정도로) 까다로워졌을까?

● 환경 – 인터넷 발달, 취업전문정보회사 탄생, 전형정보(면접 · 기출문제) 수집, 배포

- 기업 – 국가경쟁력, 기업경쟁력 상승과 글로벌 경쟁의 치열 그리고 수익성 위기
- 지원자 – 제도권교육으로 정체(특히 암기 위주), 개인독립성 확대로 공동체 협업능력 저하, 핵가족 심화로 관계역량 퇴화, 풍요로 인한 고민과 생각의 힘 상실
- 국가 – 취업대책 명목으로 기형적이고 무분별한 재정지원과 '취업 스킬교육'의 횡행

종합하면, 기업은 더 복합적이고 더 관계적 역량을 요구하는 데 비해 지원자의 역량은 단순 암기와 '스펙, 나 홀로'가 익숙한 정반대 방향으로 뒷걸음질 치고 있는 것이다. 이런 경향은 당연히 인사담당자에게는 선발 채용에서 반드시 검증해야 한다는 책임감을 작동시켰다. 지원자의 방패가 단단해지니 그것을 뚫을 창槍으로 까다로운 면접질문, 새로운 면접질문, 창의적 면접질문 등을 쏟아내는 것이다. 지금의 임원들이 취업한 30년 전과는 비교가 안 될 정도가 된 것이다.

새롭게 나온 입사전형제도

필자의 기억으로 자기소개서라는 서식은 80년대 초반, 토론면접은 90년대 초반, 프레젠테이션면접은 90년대 중반부터 채택하며 적용되기 시작했다. 토익점수는 세계화가 본격적으로 진행되기 시작했던 90년대 초반부터 요구하는 기업이 많아졌다. 모든 것이 기업인이라면 당연히 갖춰

야 할 역량인데 학교에서는 하나도 가르치는 것이 없다. 강화된 절차로도 인재를 찾는 데 한계를 느낀 기업들은 합숙면접을 도입했고 2000년대 중반부터는 채용연계 인턴사원제도가 봇물 터지며 2~6개월 근무로 지켜본 후 채용하는 지경까지 와 있다. 검증을 위한 면접질문조차도 까다로워지고 허점을 파고드는 방식으로 피곤하게 만든다. 지금의 임원들이 입사할 당시인 80년대 말, 90년대 초반에는 상상도 못 했을 일이다.

하지만 전형이 어려운 것이 독毒일까? 단호하게 아니라고 생각한다. 언젠가는 해야 할 것들이고 입사 이후에라도 만들어가야 할 역량이기 때문이다. 개인의 전문성을 기반으로 인간관계 역량과 이를 표현하고 설득하는 역량인 1:1 인성면접, 일 대 다수의 프레젠테이션면접, 다수 대 다수의 토의면접 등을 통하여 보는 자질은 입사 전에 갖추느냐 아니면 입사 후에 갖추느냐의 차이일 뿐이다. 지금의 임원들은 이런 평가요소들을 입사 후에 6개월에서 1년 정도 느긋하게 회사생활하며 배운 것이다.

반면, 이렇게 치열한 경쟁상황은 준비된 사람을 뽑는 것을 요구한다. 뽑아 놓고 가르치는 노력은 최소화한다. 시간이고 돈이기 때문이다. 최근에는 주 52시간 제도로 신입사원교육연수도 제대로 못 한다고 한다. 한층 더 준비된 사람을 찾고 있다. 검증은 더 까다로워지고 있다.

네엣,
입사·성장:
어디서, 무슨 일을 할까?

입사 2시간 만에 행방불명이다:
신입사원이 학교에서 배운 것

에피소드 #1

딸이 대학에서 식품공학을 전공하고 백화점에 입사하여 식품매장에서 일하고 있었다. 이제 4년이 지났지만 처음 그 회사의 인턴으로 들어가서 정식 직원으로 가는 3~4개월 동안 자주 들었던 이야기라고 한다.

"아이쿠, 이 힘든 부서를 왜 왔느냐?"
"와서 잘 버틸 수 있겠느냐?"
"지금이라도 다른 부서를 찾아라."

128

"차라리 식품제조 회사를 찾아가라. 우리 유통회사의 식품담당은 비전이 없다."

'우리 부서 힘드니까 오지 마세요'라는 말이다. 주변에서 수근거리며 혹은 대놓고 하더라는 것이다. 정말 기가 찬 일이다. 식품매장이 대체적으로 힘들 것이라는 것은 알고 지원을 했다. 아니, 모르고 지원했다고 치자. 회사 일이 힘들다고 해봤자 얼마나 힘들겠느냐?

다행히 잘 버티었다. 근무시간이 불규칙적이고 진상 고객도 많이 상대하지만 오히려 교훈으로 삼으며 집에 오면 재잘거리기도 한다. 즐기는 모습도 보인다. 받은 월급 꼬박꼬박 모아서 문화활동, 해외여행 등으로 여유부리며 직장생활을 해나가는 모습이 대견하다.

에피소드 #2

20여 년 전의 일이지만 뚜렷이 남아 있는 사건이 있다. 중소기업에서 '상무' 직함으로 경영을 총괄할 때의 일이다. 한 직원이 관두겠다는 의사표명이 있어 대체할 신입사원을 어렵게 뽑았다. 예나 지금이나 중소기업의 경우 좋은 신입사원 한 명을 채용하는 것은 보통 일이 아니다.

그런데, 입사 첫날 출근해서 퇴직을 앞둔 전임자와 인수인계하며 2시간이 지날 쯤에 신입직원이 보이질 않는다고 급하게 보고가 왔다. 이후 일주일이나 찾을 수 없었고 연락도 끊겼다. 짐작으로는 업무 인계하던 직원이 겁(?)을 많이 준 것으로 보였다. 인계를 하는 퇴직자가 힘들었다고 해야 관두고 나가는 명분도 되었으리라 짐작은 되었다. 실제로도 어려웠으니 사직서도 냈을 것이다. 이런 낭패를 당했지만 본인은 그날 부로 관뒀고 다음 담당자를 구하는 1달여 동안 다른 직원들이 곤혹스러웠던 것으로 기억에 남는다.

공부는 왜 할까? 책은 왜 읽고?

이런 상황은 대기업, 중소기업 가리지 않고 일어나는 상황이다.

같이 일하는 동료이자 선배들이 자기 경험만으로 후배 신입사원에게 일도 시작하기 전에 공포감을 주는 회사 문화는 큰 문제이다. 물론, 그렇다고 회사를 떠나는 당사자도 마찬가지다.

요즘 신입사원의 높은 퇴직률은 모든 회사의 관심사이다. 인사부도 각 현장에서 일어나는 일들의 난이도難易度를 대체적으로 파악을 한다. 그러다 보니 쉽지 않은 일을 누군가 무난히 해나가는 모습을 보면 당연히 눈길이 간다. 할 수 있다면 다양한 기회를 주고 귀하게 쓰고 싶은 생각이 절로 나는 것이다. 인사고과를 잘 받고 진급 잘하고 싶으면 그런 일도 마다하지 말아야 하는 것이 기본 이치이지 않겠는가?

당사자가 조금만 생각을 바꿔보면 별것도 아닐 수 있는 일이다. 누군가는 해야 할 일이자 누군가는 해 왔던 일이다. 쉬우면서도 돈 많이 받고 진급 잘하는 부서만 찾으면 설 땅이 없어진다. 그런데 이 단순한 진리를 알게 되는 시점은 10년, 15년이 지난 시점이다. 돌이킬 수 없는 상황이 된다. 벌써 주변에서 그렇고 그런 사람으로 낙인찍혀 있다. 본인만 모르는 것이다. 재미난 사실은 본인이 그런 사람일수록 높은 직급으로 가면 어려운 일 척척 해내는 부하직원을 찾는다.

그런데, 정말 궁금한 것이 하나가 있다. 학교에서, 책에서, 인터넷에서, 드라마나 영화에서, 심지어는 동화 속에서도 '성공하려면 어느 정도의 고통을 감내하고 그것을 견뎌야만 된다'고 배웠다. 통섭統攝의 원리로 자연의 이치, 동물·식물의 세계에서 배우는 인생의 교훈들이 즐비하다.

— 동토凍土를 뚫고 나온 봄나물이 맛있다.
— 험하고 거친 땅에서 사는 것들이 육질이 좋고 맛있다.
— 한반도는 사시사철이 뚜렷하고 기온차가 크기에 모든 물산物産이 맛있다.
— 더위와 추위의 간극이 크면 나무의 나이테가 뚜렷하다. 그래야 크게 자란다.
— 물산이 풍부했던 인류 4대문명의 발상지는 모두 다 스러졌다. 오히려 생존이 힘든 척박한 지역에서 문명이 꽃을 피웠다.

모두가 성공하고 성장하려면 한결같이 고통을 감내하라고 한다. 오히려 찾아서 하라고도 한다. 오죽했으면 우리 속담에도 '젊어서 고생은 사서도 한다'고 하지 않는가? 그런데, 배운 대로 하질 않는다. 나만은 그 부류에서 빠져 편하기만 바란다.

영어에 'HOT SEAT'라는 말이 있다. 각광받고 추앙받는 자리라는 뜻이다. 그 말의 다른 뜻으로는 '뜨거워서 누구나 피하는 자리'라는 뜻도 있다. 배운 대로 하자. 책대로 하자. 힘든 일일수록 즐기는 노력을 하자.

딸래미가 부쩍 성장하는 모습을 본다. 개인적으로는 정말 다행이다. 처음에 힘들었던 업무와 여건에서 버텨낸 것이 큰 힘이 되는 듯하다. 이런 저런 상賞도 받아온다. 뭔가를 제안提案하면 회사가 금방 인정을 해 준다고 하며 자랑을 한다.

"왜 그래? 돌았어? 안 하던 짓을…": 뒤늦은 사회 교육과 우리 집

제법 시간이 지난 일이지만 중소기업에서 일을 시작하며 '자기계발 차원'으로 미국에서 시작된 자기개발 프로그램임 '데일 카네기 교육'을 받았던 때가 있었다. 핵심내용은 성공하고 행복하고 싶다면 '미·인·대·칭·비·비·불'로 이어지는 행동으로 실천하라는 것이었다. '미소 짓고, 인사하고, 대화하고, 칭찬, 감사하자. 그리고 비난, 비판, 불평하지 말자'라는 지극히 기초적이며 행동 중심적 교육이었다.

필자가 다녔던 대기업에서는 받지 못했던 자기관리이자 리더십교육이었다. 결과적으로 중소기업을 다니며 알게 된, 생소하지만 신선했고 살면서 소홀했던 부분을 알게 된 교육이었다. 오너 사장께서 추천하며 적극 권해 주어서 1회에 3시간씩 약 10주간의 교육을 받았다. 그 교육 과정에서 미소 짓고 인사하기를 반복하여 연습 했다. 집에 가서 한번 해 보겠다고 다짐하면서….

집에 가서 문을 열고 들어가며 "안녕! 별일 없었어? 오늘 유난히 이뻐 보이네!"라고 했다. 어색한 것을 억누르며 정말 변화를 시도해 본 것이다. 제법 연습을 하고 왔지만 스스로 어색하기 그지없었다. 그랬더니 보고 있던 와이프가 아니나 다를까….

"왜 이래? 당신 돌았어? 안 하던 짓을 하고…"

순식간에 얼어붙는 느낌이었다. 그리고는 '내가 뭘 했지?' 그냥 겸연쩍은 웃음만 한 번 짓고 말았다. 그 뒤로는 다시 한번 해보기 어려운 일이 되었다. 그리고는 5년여가 지난 시점에 이런 내용을 가르치는 입장의 강사가 되어 있었다.

한국 기업교육에서 소홀히 한 부분

직원 교육은 '인사업무'의 두 축인 HRMHuman Resources Management과 HRDHuman Resources Development 중 한 부분이다. 교육을 진행하는 입장이자 교육을 받는 입장이기도 했다. 대기업 15년여를 다니며 실무·직무 중심의 교육만 주로 받았다. 정확하게 말하면 자기관리 교육은 받을 시간이 없었다. 스스로 알아서 해야 했고 필요성도 몰랐다. 회사에서 주어진 '업무'만으로도 정신없이 바빴다.

인사업무를 하고 있으면서도 직무교육 이외의 공부나 독서 등에서는 소홀했던 기억만 남아있다. 회사를 떠나 던져진 허허벌판에서 '강의'라는 직업에 몸을 맡기고서야 죽기 살기로 공부하며 지난 세월에 못 했던 독서와 자기관리 공부로 밤새운 날이 하루이틀이 아니었다. 직장이라는 울타리에 있었던 20년 동안 성공실패의 많은 체험을 가지고 있어서 웬만한 책도 쉽게 소화하며 강의에도 접목을 하게 된 것이 그나마 다행이었다.

행동의 변화를 이끌어내야 진정한 교육이라는 확신

지난 15년간 남다른 확신으로 기업교육, 대학교육을 진행했다. '행동의 변화를 이끌어 내지 못하면 교육이 아니다. 그러자며 나부터가 솔선수범하며 강의하자. 내가 안 되는 것을 강요하는 것은 강단에 선 사람이 할 소리는 아니다'는 다짐을 했다. 마침 하늘이 주신 것 같이 명구銘句도 눈에 들어왔다. 미국 소설가 마크 트웨인의 "교육이란 알지 못하는 바를 알도록 가르치는 것을 의미하는 것이 아니라, 사람들이 행동하지 않을 때 행동하도록 가르치는 것을 의미한다"는 글귀이다.

그런데, 기업교육, 성인교육에 숱한 노력을 하며 지켜보니 대부분이 한 귀로 듣고 한 귀로 흘려보내는 모습을 보였다. 특히 누구보다 교육을 많이 받은 대기업 출신의 인생 말미에 접어든 이들이 그랬다. 공무원, 공기업 등에 있었던 분도 예외가 아니었다. 나도 '계속 대기업에만 있었다면 피할 수 없었던 상상 속의 모습'이었다. 그래서 그 안타까움을 온몸으로 풀어서 강의를 할수록 더 어려워지는 것을 느꼈다. 아무 소용이 없을 뿐 아니라 오히려 반발만 불러일으키며 '강사'로서의 입지만 좁아졌다.

정녕 교육은 사람을 바꾸지 못하는가?

그러면서 드는 생각이 늘 있었다. '교육이 사람의 행동을 바꿀까?' '거의 불가능이다'라고 결론지었다. 두 가지 이유에서 안 된다는 생각이다. 본인의 습관과 관계가 형성된 상대의 관점이라는 환경 때문이다.

첫째는 개인의 습관 편향성 때문이다. 새로운 행동을 하려면 심리적으로 엄청난 저항에 부딪힌다. 안 하던 행동으로 많은 에너지가 고갈되기 때문이다. 뇌를 찌르는 압박에 시달리는 사람도 있다고 한다. 그러나, '죽을 고비를 넘기면 변한다'고 한다. 필자와 같이 대기업, 중소기업의 경험으로 안주하다가 '생존의 현장'인 강의장이라는 벌판에 버려졌기에 변하지 않을 수 없었다. 대학교수나 외국계 프로그램의 유명세로 강의하는 분들과의 차별화 차원에서 강한 '실행력'을 모토로 진행했으니 그나마 조금이라도 변할 수 있었다.

둘째는 주변 환경요인으로, 인간관계 행동의 개선 실천대상이 되는 상대편이 어색하고 낯설어하기 때문이다. 이 칼럼의 제목과 같이 "왜 그래! 돌았어?"의 상황이며 필자가 겪은 것이다. 가정에서도 그렇고 기업 현장에서도 같은 현상이 생긴다. 교육받고 사무실에 돌아가서 작은 것 하나라도 실행하자면 금방 '왜 그러냐? 갑자기 변했다'라며 술렁거린다. 심지어는 교육을 보내주었던 상사조차 빈정거릴 때가 많다. 2시간짜리 특강이든, 2-3일간의 교육이든 돌아온 즉시 원위치가 되어 교육효과가 반감되는 것이 필연적 결과였다.

심리학에서 자주 인용되는 실험이 있다. 내가 생각하기에 올바른 행동도 주변의 70-80% 사람이 다른 행동을 하면 금방 소신을 바꾸는 것이 일반적이다. 동굴시대, 수렵채집시대에 군집群集을 떠난 사람이 맹수에게 당한 TRAUMA 때문이라고 한다. '집단사고 혹은 부화뇌동효과, 동조효과'라고 하는 것이다.

그래서 상상해 본다. 진정한 변화를 원하는 인간관계, 리더십 교육 및 훈련은 항상 교류하는 그룹의 당사자 모두가 동시에 같은 내용의 교육을 받아야 할 것이다. 부부가 함께, 부모와 자녀가 함께, 상사와 부하가 함께…그래야 실천을 담보하고 서로의 지지자가 되기 때문이다.

지난 15년간 강의로 생존하며 힘들었지만 소중하게 남은 것은 '실행' 노력으로 주변과 좋은 관계 형성에 많은 도움이 되었다. 특히 가족관계에 많은 영향이 있었다. 덕분에 어느 날 동네 한 바퀴 트래킹을 하는 동안 와이프가 한마디를 거든다. "동네의 작은 수영장에 운동을 가면 65세 정도 되는 무례한 남성분이 무척이나 불편하다. 당신을 반이라도 닮았으면 좋겠다"고 한다. 기분 좋은 말이다.

IMF위기상황에서 팀원 한 명도 이탈 없었던 비결: 조직에 대한 사명감과 존재가치

"부장님! 저 관두기로 했습니다." 20년 전 IMF의 외환위기에 필자가 다녔던 '대우'의 기획부장으로 있을 때 현업부서의 직원이 찾아와 던졌던 말이다. 회사가 풍전등화風前燈火의 시기인 데 왜 그러냐고 물어볼 수도 없었다.

당시 필자가 13년의 인사부 근무를 떠나 경영기획부장을 맡은 지 1년 되는 시점에 실무적으로 가장 중요한 위치에 있었다. 이름하여 '비상대 책실무반장'이라는 직책도 겸할 때였다. 인사부에서 오래 근무한 덕분에 2,000여 명의 직원 모두와 잘 알고 지냈고 부장급까지는 입사할 때 처음 보는 위치에 있었기에 더욱 친하게 지내던 터였다. 그러니, 인사부를 떠 났는데도 꼭 찾아와 퇴직인사를 하였다. 회사의 존폐가 자주 언론에 오 르내리고 영업이 어려우니 사직서 제출을 막을 방도두 없이 어려운 시기 이니 참아달라고 인간적인 면에만 호소하고 있었다.

그런데 그 와중에 동요하지 않고 자기 일에만 몰두하는 차분한 조직 이 있었다. '경리회계팀' 직원들이었다. 50여 명의 직원들이 한 치의 동요 도 없이 자기 일에 몰두하고 있었다. 그 당시 누구도 의식하지 못했던 일 이지만 필자의 눈에는 선명하게 남았던 일이었다.

지난 20년 전에 지켜본 팀의 기적

회사가 워크아웃을 신청했기에 생사여부를 판정하기 위해 외부의 두 조직이 들어와 있었다. 은행관리단과 회계법인이었다.

20여 명의 은행관리단은 당장의 자금 출입을 통제하며 최소한의 생명 줄만 유지하는 역할을 하고 있었다. 수조 원 매출을 하는 회사가 작은 돈 하나도 관리단의 승인을 받아야 했다. 그러니 의사결정이 너무 더디고 글로벌 영업의 기동성이 현저하게 떨어지니 영업 직원들은 기가 찰 노릇이었다. 그래서 참다 못해 회사를 떠나는 경우가 많았다.

150여 명이 들어온 회계법인은 남은 자산의 장부대조와 평가, 그리고 우리가 제시하는 회생 이후의 영업계획 평가로 미래가치를 산정하고 있었다. 회계사들이 종합상사의 업무를 어떻게 이해하겠는가? 사업계획 건건마다 설득시켜야 하는 일이 전쟁과 같았다. 영업부서에는 또 다른 스트레스이자 장애였다. 직원 이탈이 가속도가 붙은 느낌이었다.

자산과 가치를 평가하는 150여 명 회계사에 대한 핵심 업무상대는 경리회계팀이었다. 시도 때도 없이 요구하는 자료, 근거 등을 정리하고 제시하는 일로 날밤을 새는 일이 끝이 없었다. 그렇게 최고의 업무 스트레스로 시달리던 조직의 퇴직률이 '0'이었던 것이다.

최근에 당사자인 해당 팀 출신 직원들에게 비결이 뭐냐고 물어보았더니 "그런 일이 있었냐"고 반문하며 전혀 의식하지 못했다고 한다. 지켜 봤던 필자가 내린 결론은 본부장, 팀장의 회사 회생回生에 대한 사명감과 팀장, 본부장으로 이어지는 책임자의 솔선수범 리더십으로 귀착되었다.

엄청났던 업무량과 연일 이어지는 야근도 전혀 문제가 되지 않았던 것이다. 정말 기적 같은 기억이다.

20년이 지난 시점의 '글로벌청년사업가(GYBM)양성과정'

마침 2020년은 대우그룹이 해체된 지 20년이 되는 시점이다. 대우를 떠났던 임직원들이 모인 조직인 대우세계경영연구회의 이름으로 과거를 딛고 새로운 시도를 하고 있다. 대한민국 청년들의 취업과 미래 한국의 경제영토 확장을 위해 '글로벌청년사업가양성과정'을 운영하고 있다. 지난 10여 년간 1,000여 명을 선발하여 동남아 현지에서 1년간 가르쳐서 현지의 한국기업에 취업을 시킨다.

일에 대한 사명감과 명쾌한 비전, 그리고 물질적 지원을 포함한 희생 리더십을 기반으로 인재로 탈바꿈하도록 모든 역량을 다 쏟고 있다. 베트남, 미얀마, 인도네시아, 태국에서 활동 중인 우리 한국 기업 구석구석에 들어가 맹활약 중이다.

청년실업문제로 힘들어하는 대한민국의 흙수저들이 모여 기적을 일구고 있는 것이다. 몇 차례나 서류전형, 면접에서 낙방의 고배를 마셨던 사람들, 인문사회계를 포함하여 취업이 쉽지 않아 보이는 전공의 사람들, 학점이 바닥이라서 정말 바닥을 치며 통탄하던 사람들이 모여서 동남아에 진출한 한국기업에서 최고의 인재로 거듭나고 있다. 대기업에 입사했다가 답답해서 뛰쳐나온 사람들도 합세하고 있다.

글로벌 영역에서의 성장통과 공통점

그들의 현장에서 겪는 사건을 중심으로 '청년의 글로벌성장통^{成長痛}'이라는 제목의 칼럼을 쓰고 있다. 소재를 찾아 그들의 경험을 듣다 보면 가슴이 뭉클해진다. 한창 일로 다듬어지고 단단해져야 할 시기에 워라밸, 칼퇴를 말하는 한국의 청년들과 묘한 대조를 이룬다.

20년 전에 필자가 발견한 경리회계팀과 공통점이 있다. 자기가 속한 조직의 발전에 대한 순수한 열정이 있고 하는 일의 존재가치를 통해 설득이 된 사람들이라는 점이다. 당시의 기적 같았던 팀 소속 출신들은 지금 한국의 수많은 회사에 흩어져 제 몫을 톡톡히 한다고 들려온다. 지금 동남아에서 활약 중인 청년들도 같은 길로 이어질 것을 확신한다.

하기 싫은 문서창고 정리와 인생 반전: 선배, 상사의 마음 잡는 법

그해 7월 31일 전역신고, 8월 1일 그룹신입사원연수 1개월, 9월 1일 부서배치 면담 후 '인사부 근무' 시작…. 단 하루도 쉼 없이 이어지며 직장생활이 시작되었다. 그리고 흘러간 인사부 근무 13년! 당시 직장생활에 눈을 뜨게 해줬고 삶의 지렛대가 되었던 작은 경험이 있다.

"옛날 얘기~"라고 하면 또 '꼰대'라고 할지 모르지만 그냥 버리기 아까워 34년 전 1985년으로 거슬러 간다. PC, 핸드폰이라는 디지털 장비라고는 하나도 없던 시절이다. 겨우 타이핑 기계만 바삐 돌아가던 때이다.

군대에서 인사장교, 군수장교, 중대장 등으로 2년을 보낸 터라 사무실이 그렇게 낯선 것은 아니었다. 그러나, 새로 자리 잡은 대우의 인사부 자리는 너무 생경했다. 30여 명의 인사부 직원, 매일 업무로 출입하는 다른 부서 직원들은 물론이고 무엇보다 낯선 것은 방대한 조직과 인원이었다. 8,000여 명의 직원 중 필자가 담당해야 할 직원은 2,500여 명. 글로벌 무역거래를 담당하는 종합상사로 조직마다 제각기 다른 제품을 취급하는 특수성이 있었다. 해외에 근무 중인 직원만 해도 300여 명, 부서조직만 100개, 엄두가 나지 않는 대규모 인원이자 조직이었다.

1주일간의 문서창고 정리, 행운일까 고통일까?

지금 돌이켜 보니 입사 초기의 2년 정도는 멋모르고 시키는 일만 했었다. 그러던 어느 날 사무실 회의에서 '우리 인사부 서류창고 정리를 누가 해줄까?'라는 논의가 있었다. 과장 이상 제외, 여직원 제외하고 나니 그 일을 맡아줄 대상자는 10여 명이었다.

순식간에 지나가는 생각, '그 창고?' 약 20여 평 남짓, 과거 20년의 서류 뭉치들, 사무실에 당장은 필요 없지만 단순히 보존연한 5년, 10년 만으로 분류하는 것도 어려운 성격의 인사서류였다. 일일이 다 읽고 분류해야 보존할 것인지 버릴 것인지를 결정할 수 있다. 더 곤혹스러운 것은 건물의 Core Room에 있기에 불만 끄면 완전히 밀폐가 되는 공간이다.

오래된 종이이다 보니 만지기만 해도 바스러질 정도며 며칠 걸릴지도 모른다. 하루 분량의 정리가 끝나도 매일 차곡차곡 쌓이는 일상 업무는 늦은 시간이라도 처리해야 했다.

그래도, '한번 해보지 뭐!' 하고 손을 들었다. 서울역 앞의 대우빌딩(지금은 서울스퀘어빌딩으로 이름 변경) 인사부 문서창고! 작업복을 입고 출근하여 입과 코는 마스크로 막고 매일 6시간씩 산더미같이 쌓인 서류를 읽어 가기 시작했다. 뭔지도 모르는 문서를 하나하나 읽고 대체적인 이해만으로 해독하며 버릴 것과 남길 것, 그리고 종류별로 재분류한 것이다.

1주일이 지나니 창고에 남은 서류는 1/5 수준이 되었다. 그때까지만 해도 그냥 추억으로만 머리에 남을 만한 일이었다.

사무실 모든 상사와 전방위 소통의 무기

그 일이 끝난 다음부터는 사무실의 6명 상사上司와 선배들이 달리 보이기 시작했다. 단순히 일만 하고 있는 것으로 보이는 사람들의 머릿속으로 들어가는 기분이었다. 창고정리 때 본 기안지, 보고서, 처리한 문서에 기록된 이름과 연결되기 시작했다.

"과장님! 지금 하고 있는 제도, 그것 과장님이 처음으로 하셨던데요? 대단하십니다."
"차장님! 1979년에 파일해 둔 그 자료 보고 많이 배웠습니다."

대개의 반응은 "이제 알았어? 그거 내가 했던 일이지.", "그걸 박창욱 씨가 어떻게 알아?"라는 투였다. 그러면서 어깨를 들썩이며 폼을 잡는 분위기였다.

이런저런 일로 회사 복도를 지나다 마주치는 수많은 직원들이 제대로 보이기 시작했다. 10년, 15년 전의 입사시험 점수와 면접 당시의 면접관 Comment가 보였다. 멀기만 했던 차장, 과장급들의 속살을 보는 느낌이었다. 당연히 인사법이 달라졌다. 당시 사무실에서 논의되던 인사제도의 변경 방향에 대한 주장들이 이해가 되었다. 인사부 선배 과장님들이 고집(?)을 피우던 모습도 이해가 되었던 것이다. 몇 년 전 문서에 메모되었던 논의 포인트를 보았기 때문이었다.

인간관계는 아날로그이다. 디지털은 '쬐끔'이다.

요즘 일반 사무실과 오버랩이 된다. 디지털로 체계화되어 언제든지 문서를 찾아보고 어디든지 연결이 되지만 이런 형태의 경험은 쉽지 않을 것이다. 생각이나 논의, 검토의 결과물만 보는 것이다. 그러나 논의되는 과정 속 물밑에서 오고 간 흔적들을 읽어 볼 수 있는 것은 내 생각이나 다양한 시각을 접하는 소중한 기회가 되었다.

창고정리! 하기 싫은 일이었다. 누군가는 해야 할 일이라면 내가 하는 것이 어떨까. 그런 의미에서 두 가지의 생각이 지나간다.

첫째는 아날로그에 선을 대는 것이다. 물론 디지털만으로도 일을 잘할 수 있다. 그러나, 정리되지 않고 주고받은 수많은 말들과 생각들. 세월 속에 흩어져 있는 문제해결의 접근 방법은 선배로부터 배워야 한다.

둘째는 칭찬이나 말 거는 포인트로 마음을 잡는 것이다. '칭찬은 고래도 춤추게 한다'고 한다. 뭘로 칭찬하겠는가? 당장에 눈에 들어오는 포인트만으로도 가능하겠지만 상대의 마음을 사는 포인트가 중요하다. 그 사람의 자부심과 흔적에서 찾을 수 있었다.

물론 문서 창고 정리가 아닌 방법이 많이 있을 것이다. 그런 포인트를 찾는 정성을 모아 가면 어느 순간에 큰 차이를 보게 될 것이다.

"송곳이 머리부터 들어가냐? 끝부터 들어가지": 인사 부탁과 마지막 보루

[# 시추에이션 1]

"박 과장! 이번에 대학교 후배가 지원했는데 잘 좀 봐줘!"(어느 상무님의 부탁)

"박 과장! 이 친구 잘 좀 챙겨줘!"(직속 상사이신 부장님의 부탁 아닌 부탁)

"과장님! 이번에 해외 나가고 싶습니다. 잘 부탁합니다"(어느 후배 직원의 부탁)

그러면 이렇게 답했다. "네, 알겠습니다. 일단 저한테 보내 주시지요!" 라고 하며 만나보고 챙겨본다.

[# 시추에이션 2]

두 번이나 진급 안 시켰던 기억에 "미안하네. 오늘 다시 만나니…."

작년에, 근무했던 회사를 찾아갈 일이 있었다. 25년 전에 두 번이나 의도적으로 승진시키지 않았던 직원을 복도에서 맞닥뜨렸다. 난감했지만 반갑게 인사하며 오히려 '고맙다'고 했다. 그때 지적해 준 덕분에 고치려고 노력했고, 덕택에 나이 50살이 된 지금도 회사를 다니게 된 것 같다고 했다.

많이 변했다는 느낌이었다. 당시 인사과장인 내가 말해 주지 않으면 그 이후 어디선가 부딪혀 더 큰 상처로 본인에게 돌아갔을 수도 있었을 것이다.

최고난도의 인사부 업무 - '인사 부탁'

인사부 업무 중에 가장 힘든 것이 있다면 '인사부탁'이다. 채용, 진급, 부서이동 심지어는 당연한 권리인 복리후생에 관한 우선 조치 등이다. 때로는 '누구누구랑 같이 있기 싫어서 그러는데 그 사람을 치워주거나 나를 다른 부서로 보내 달라'는 험악한 것도 제법 있었다.

그중에 곤란한 것들이 진급, 채용 등의 부탁으로 실무자의 눈에 확연히 들어오는 경우다. 스스로 기준에 합당하다면 뭐가 문제이겠는가? 당사자에게 생색내면서 그 부탁을 계기로 대상자에게는 한 단계 높은 자극을 주는 것도 보람된 일이 되기도 했다.

그러나, 수준 이하일 경우가 문제이다. 어떤 경우이든 막아야 한다. 명분과 핑계를 '매의 눈'으로 찾아낸다. 자칫 한두 명의 문제로 조직 전체에 큰 골치를 끼친다는 것은 너무도 많이 보고 겪어온 일이다. 그런데, 출신학교의 후배, 대학 동아리 때 선배 등의 인연을 총동원한다. 심지어는 조카, 사촌 등의 관계를 학교 인연으로 포장해서 부탁을 하는 경우도 있다. 본인을 만나 심층 면담을 하면 금방 드러난다는 것을 모를까라는 생각도 든다.

송곳이 지키는 회사의 관문

이렇게 저렇게 찾아낸 부정적 요소로 완곡하게 거절한다. 찾아낸 문제점을 부탁한 사람에게 다 말해줄 수는 없다. 자칫 당사자에게 큰 실망을 안기기도 하기 때문이다.

인사부 직속상사나 업무의 속성을 잘 아는 경우는 위와 같은 절차로도 어느 정도 해소가 된다. 그런데, 막무가내인 경우가 있다. 대개가 인사부 업무를 조금 가볍게 보는 경우이다. "내가 보니까 가끔씩은 수준 이하의 사람도 합격하고 진급하던데 내가 추천하는 사람은 훨씬 좋지 않냐"는 것이다. 뼈아픈 소리다. 인사부에서 선발한 인원이 정작 수준 이하였는데 하필이면 그 팀장이나 임원이 실망하고 '내가 이렇게 좋은 사람을 데리고 왔는데'하는 생각을 하는 것이다.

그래서 인사부 직원들끼리는 '직급이 높은 송곳의 머리가 인사부로 디밀어 온다'고 표현했다. 송곳은 '끝' 즉, 실무자, 담당자(인사과장까지)를 나타낸다. 그 예리함으로 회사 인적자원관리의 공정성과 합리성을 지키는 관문이 된다는 차원의 말이다. 어떤 경우이든 '인사부는 무너지면 안 된다'는 사명감이다. 상대가 더 심하게 접근할수록 더 강하게 거절하게 된다. 그 부탁의 또 다른 뒷면이 있을 가능성까지 추정해 가며 대처해 왔다.

대표이사? 대표사원?

일반적인 거래의 업무관계와 인사문제는 확연히 다르다. 10명의 회사든, 천 명, 만 명의 회사든 대외적으로는 접촉점이 되는 한 명 한 명이 회사의 대표이다. 인사부 직원들끼리는 '대표이사'를 패러디하여 '대표사원'이라는 호칭을 붙여두기도 했다. 사원급에서 대표성이 있을 정도로 일 잘하는 것으로 인정받는다는 말도 되지만, 사원도 회사를 대표하는 사람이니 한순간도 방심하지 말라는 의미도 담고 있다.

사회가 부정 청탁에 의한 채용으로 시끄럽다. 특히 공기업, 공공성이 많은 업종에서 그런 일이 많이 일어난다. 대개가 독점적 시장 지위를 가진 공기업이나 허가업종의 회사이다. 편하고 돈 많이 주는 회사이니 권력과 인맥이 작동할 것이라 생각한다.

인사담당자로서의 관문 수호, '송곳 끝'을 가진 자의 사명감을 촉구한다.

'면접관으로 초대받았다' 좋을까? 싫을까?: 면접관의 머릿속으로 들어간다

'이번 신입사원 채용면접에 면접관으로 수고 좀 해 주십시요'라는 인사부장의 부탁이 들어왔다고 하자. 기분이 좋을까? 피하고 싶을까? 특히, 지원자의 됨됨이를 보는 것에 주력하는 '인성면접'에 부탁을 받은 경우이다. 나라면 어떨까?

실제 많은 임원들은 면접관으로 선발(?)되어 초대받는 것을 큰 영광으로 생각한다. 중요한 의사결정에 참여하는 것이기 때문이다. 선정된 면접관 명단은 회사의 최고경영자CEO의 결재사항이기도 한다. 그래서 어깨가 으쓱해지는 일이다. 인성면접이라는 것이 사람에 대한 많은 경험으로 회사의 문화와 인재상에 대한 방향성을 가지고 평가해야 하기 때문에 임원급으로 면접관을 편성한다.

중견기업이나 중소기업의 경우는 이런 경우가 별로 없다. 인성면접에 모든 임원들이 거의 다 동원(?)이 되기에 좋고 나쁘고가 없다. 그래도, 면접관이 되어 인재를 선발하는 자리에 앉게 되면 남다르게 폼(?) 잡는 느낌이 드는 것은 대기업과 다를 것이 없다. 인지상정人之常情이라는 것이다.

오늘 그런 의미에서 면접관이 되는 분들의 머릿속으로 들어가고자 한다. 그러면 면접에서 좋은 평가를 받을 수 있도록 파고들어갈 여지가 있을 것이기 때문이다.

결론적으로 면접관으로 초대를 받으면, 처음인 경우는 너무 좋아한다. 그러나 두 번은 싫어한다.

처음에는 좋다. 뿌듯해하며 한껏 부풀어 오른다. 혼자 싱글벙글한다. 선발된 것을 자랑하고 싶은 유혹과 외부로 떠들지 말아야 하는 입장 사이에서 안달을 하기도 한다. 인사부로부터 이 사실을 바깥에 말하지 말라고 엄명을 받았다. 혹시 모를 부정 가능성 때문이다. 그러나, 쉽지 않다. 인재를 고르는 중요한 자리에 '나를 불렀다'는 것은 큰 자부심으로 자랑하고 싶기 때문이다.

그러나, 한 번 경험하고 난 다음에는 핑계를 대고서라도 피하고 싶어진다. 면접 보고, 평가하는 중압감과 자칫 본인이 평가받을 수 있는 가능성 때문이다.

인성면접을 진행하는 방식은 회사 따라 천차만별이다. 대개의 대기업들은 특정 날짜나 기간 동안에 몰아서 면접을 본다. 채용행정업무의 효율은 물론이고 CEO를 포함한 임원급 면접관의 일정 집중으로 일반 업무에 차질이 없게 몰아서 진행하는 독특한 채용업무 행정이 진행된다.

100명 정도만 채용을 한다는 경우로 생각해 보자. 필요하다면 250–

300명을 면접대상으로 1차 선발을 한다. 대상자가 많은 경우 여러 개의 면접팀으로 나누어 진행을 한다. 한 팀이 보통 하루에 50명에서 100명을 보게 되니 면접관 팀만 3-5개 꾸려진다. 8시간 기준으로 면접자 1인당 5분 내외로 배정되는 시간이다. 너무 짧지 않은가? 인재의 중요성을 대내외에 그렇게 강조하면서 단 5-10분 내외에서 결정한다고?

그래서 그럴 위험을 대비해서 한 면접장에 면접관을 3-5명으로 구성한다. 그러면 면접자 3명이 1개조로 면접을 하여 30분을 보면, 1인당 10분에 5명 면접관이 보는 것이니 50분간 보는 효과를 보게 되는 것이다. 거기에 프레젠테이션면접, 그룹토론면접, 실무면접 심지어는 면접 전후에 실무자가 지켜보는 관찰사항도 전부 반영이 된다. 실제로 면접자 개인에게 투입되는 시간기준으로 인성 50분, 프레젠테이션 10분, 토론 10분, 실무 30분 등등 최소한 2시간 이상이 된다. 면접과 지켜보는 사람의 수도 20여 명에 이르게 된다.

그러면, 면접관의 머릿속은 어떨까? 좋기만 하고 편할까? 하루 8시간 동안 긴장감을 가지고 질문하고, 평가하고, 마치자마자 등급을 매겨야 한다. 인사부에서는 닦달한다. '인재를 찾는 중요한 일'이니 최선을 다해 달라고 한다. 보통 신경 쓰이는 일이 아니다. 중노동이다. 그래서, 한 번 하고 나면 녹초가 된다.

면접관을 힘들게 만드는 요인이 몇 가지 더 있다.
다른 임원이나 상관, 사장님과 함께 보는 경우, 내가 하는 질문이나 진행 매너가 조심스러워진다. 인사부에서 만들어 준 질문 예시만으로 턱없이 부족하고 자기소개서도 봐야 하며, 잠재역량을 보기 위해 질문을 계속 만들어야 하기도 한다. 그러다 보면 다른 임원에게 역으로 평가받게 되는 묘한 상황에 처하게 된다.

나름대로의 관점으로 사람을 보라고 하지만 다른 면접관과 동떨어진 평가가 나오는 것도 예사 부담이 아니다. 한 명 한 명에 대한 등급을 기재할 때마다 옆 사람의 평가를 보고 싶고 의논도 하고 싶지만 그렇게 하지 못하도록 엄격하게 금지하고 있다.

면접관 본인의 성장배경(출신학교, 신입사원 시절 그리고 진급 과정, 그동안 데리고 있었던 부하직원들의 기억 등)이나 자녀들과 비교하게 된다. 그 과정에서 평가등급이 쏠림이 일어난다. 모두 높은 점수, 모두 짠 점수, 혹은 적당히 가운데 몰아주고 싶기도 하다. 그런 일이 생기면 인사부에서 싫어한다. 그래서 면접관으로 참석해 달라고 하면 손사레를 치게 되는 것이다.

면접관의 고충만으로 글을 채웠다. 그러면, 이 힘든 일을 가장 효율적, 효과적으로 하는 방법을 본능적으로 찾아낸다.

웬수와 인재 그리고 독도법과 문도법:
전후좌우 200% 활용법

사무실의 웬수와 인재의 차이

"박 과장! 우리 사무실 김 대리 데려가 주면 안돼요?" 라며 현업 부장님께서 인사과장을 찾아와 부하직원의 험담을 쏟아놓기 시작한다. "예? '대기' 발령 내어 달라는 것입니까?"라며 반문하면 "그렇다"고 한다. 어마어마한 죄인의 모습으로 설명하며, 빨리 제거하고 싶은 '웬수'가 되어 있다. 얼마나 큰 잘못이 있기에?

그런데, 불과 1–2개월 전에는 "정말 일 잘한다"고 입에 침이 마르게 칭찬을 했던 사람이라면 어떨까? 무슨 큰 사건이 있었던 것도 아니다. 당사자를 직접 만나 이런저런 탐문을 해 보면 특별한 이유가 눈에 띄지도 않는다. 그러면서 생기는 의문은 "상하직원 간에 얼마나 맞질 않기에 이런 지경까지 왔을까?" 하는 것이다.

대개의 경우 대화의 부족과 스타일의 차이가 결정적인 원인이었다. 회사이니까 당연히 추구하는 목표는 같다. 그러나, 방법의 차이, 일처리의 순서 차이, 스타일의 차이가 빚어내는 불상사가 태반이었다.

특히, 많은 경우가 담당자나 상사가 출장(특히 장기 해외출장) 중이어서 중간보고를 하지 못하고 일처리가 계속 이어지다가 생긴 사건들도 많다. 특히 필자가 다닌 회사는 종합상사이고 전 세계를 돌아다니기에 직접 전화 타이밍을 잡기가 쉽질 않은 속성이 있다. 핸드폰도 없던 시대였다. 해외 현지지사 사무실이나 호텔 숙소에 자리 잡을 시간을 잘 포착해야 통화가 가능하다. 이러한 상황에서 한두 번의 타이밍을 놓치는 실수를 저지르고, 설상가상으로 사태 수습하는 과정에서 '욱'하고 한바탕 하면 치명적인 상황이 되는 것이다.

군에서 배운 독도법과 한 수 위의 문도법(問圖法)

군대생활 40년이 다 되어가는 지금도 써먹으며 가장 유용하게 배웠던 것이 있다. 바로 장교훈련에서 배웠던 '독도법讀圖法', 지도 읽는 방법이다. 군대의 지도는 매우 정교하다. 특히 야전의 지형을 헤아려 내 위치를 알고 목표장소를 찾아가는 방법은 전역 이후에도 큰 도움이 된다. 교관 중에는 한술 더 떠서 '지도만 보고도 동네의 인심을 헤아려야 한다'고 기염을 통하는 경우도 있었다.

요즘은 내비게이션GPS이 일방적으로 길을 알려주지만 부족한 것이 많다. 지도의 UPDATE가 늦거나 세세한 소로小路나 골목길이 잘 나와 있지 않는 경우 때문이다. 내비게이션 지도가 잘 되어 있어도 본인이 읽어낼 능력이 없기도 하다.

이때 필요한 것이 독도법이 아닌 문도법問圖法다. '말로 물어'보는 것이다. 막힌 길 근처의 주민에게 혹은 주변의 주유소에서 물어보면 가장 빠른 길, 좋은 지름길을 알게 되는 것이다. 아직 지도에 표기되지 않은 길이다. 이런 문도법 활용을 잘해 붙여진 별명이 '인간 내비게이션'이기도 하다.

직장의 대화 - 엄지 척으로만 되면 얼마나 좋을까?

인터넷의 발달, 통신기기의 발달 등으로 인해 회사 일을 함에 효율이 많이 좋아졌다. P2P차원으로 개발되었던 시스템과 디바이스들이 사무실 업무영역에 깊게 들어와 있다. 인트라넷, 전자결재, ERP 등은 물론이고 개인차원에서 사용하던 메신저가 회사업무에서도 위력을 발휘한다. 업무가 여러 공간에서 이루어지는 속성이 있거니와 영업 목적으로 이동이 많아 문자메신저 활용을 권하는 '고마운(?)' 상사인 경우는 더 많이 쓰게 된다.

그런데, 문자메신저로 주고받는 대화와 실제 만나서 주고받는 대화는 하늘과 땅만큼의 차이가 있다. 내용의 차이는 물론이고 상대의 표정, 눈빛, 목소리를 통해 온몸으로 말하는 것을 듣게 된다. 크고 작은 차이도 느낄 수 있다. 기본적으로 대화를 통해 문제를 해결하고 문자 메신저는 의사결정과정의 보조수단으로 최소화되어야 한다.

회사 업무는 직접 만나 말과 몸으로 대화하는 것

직접 만나 대화하는 훈련이 절실히 필요하다. 신입사원 시절에 꼭 만들어져야 할 습관이다. 특히 '상사는 내가 일하는 데 도움을 주는 사람'으로 마음속 자리매김하도록 해야 한다. 혹시 한두 번 야단맞았다고 부담스러워지고 지적받는 것이 싫어 피하기 시작하면 내일을 기약하기 힘들어진다.

부담스러운 사람일수록 만나서 대화를 하는 노력을 해야 한다. 직접 만남의 부담을 줄이고자 문자메신저를 많이 사용할수록 나의 대화능력, 대인관계능력은 거꾸로 가고 있다는 것을 알아야 한다.

첫째, 모르는 것은 꼭 말로 물어보아라. 최소한 직접 통화를 해서라도 목소리를 들어라.

둘째, 잘 안다고 하여도 말로 물어보아라. 인터넷에 관련 정보가 넘쳐나는 일일수록 말로 물어보아라. 모든 분야의 변화가 심하다.

셋째, 가급적 최근에 현장을 다녀오고 경험한 사람을 찾아 물어보아라.

넷째, 답을 할 때는 최선을 다해 알려주어라. 내가 해 준 만큼 돌아오게 되어 있다.

업무 시간 외 카톡, 보이스피싱의 예방

이 습관이 잘 만들어지면 굳이 근무시간 외에 카톡 같은 것을 날려 부담 주는 행동도 피할 수 있을 것이다. 이상한 전화나 문자메시지 등을 받고 귀중한 돈을 날리는 보이스피싱 같은 피해를 줄일 수 있다. 가족들이나 세대 간 대화의 기회를 만드는 데에도 좋은 습관이 될 것이다.

말로 물어보는 문도법問圖法이 절실한 시대이다.

"교수님! 저희 팀은 10문제 다 맞혔습니다": 효율적인 조직의 이상적인 인원 숫자

문제해결과 적정인원

직장인이나 대학생을 대상으로 하는 강의시간에 커뮤니케이션을 통한 문제해결력을 보기 위한 목적으로 작은 문제풀이 게임을 한다. 특정 숫자를 주고 어떤 의미를 가진 첫 글자와 마지막 글자를 준다. 가운데에 최소한의 글자를 넣어 뜻이 통하게 하는 것이다.

예를 들어 '9=야_____수'라는 문제를 주며 중간에 들어갈 최소한의 글자를 채워 의미를 통하게 한다. 답은 '9=야구의 한 팀 인원수'이다. 혹은 '야구 한 게임의 이닝 수'도 된다. 같은 요령으로 '10=발_____수'라고 해두면 뭐가 될까? '발가락 개수'다. '24=하_____간'이라고 해두면, '하루의 시간'이 된다. 정치, 경제, 문화, 사회, 예술 등 다양한 문제를 출제한다. 약간의 넌센스 문제도 포함한다.

기업이 봉착하는 다양한 문제를 상징적으로 보여준다. 10문제를 10분 동안에 풀라고 낑낑대어도 2-3개 정도 밖에 맞추질 못한다. 워낙 듣도 보도 못한 질문들이기 때문이다. 일정 시간이 지난 후에 "왜 혼자서 문제를 풀려고 하냐?"고 하면 한 방 먹은 표정의 반응을 보인다. "같이 풀어도 된다. 지금부터 20초 내에 문제를 같이 풀어나갈 파트너를 구하라"고 하면 대개가 같은 책상에 앉았던 2-3명으로 팀을 구성한다. 앉아 있는 환경극복의 노력이 미약한 모습이다. 그런데, 일부는 4–5명, 5–6명으로 팀을 구성하기도 한다. 그 상태에서 10분을 주면 7, 8개 혹은 9, 10개도 풀어낸다. 놀라는 표정들이 역력하다. 혼자 하는 것보다 여러 명의 팀워크로 3–4배의 효과를 보게 된다.

새로운 방법으로 문제해결력을 높인다

그런데, 구성원의 참여정도를 자세히 지켜보면 5–6명이 팀이 되어도 실제적으로는 3–4명만 참여하는 것이 전부인 경우가 많다. 즉 2–3명은 지켜보기만 하는 것이다. 그래서, 리더에게 부탁을 한다. "무작위로 참여하게 하면 일부 인원만 참여하고 일부는 구경만 한다. 조금 다르게 하여 모두가 참여하게 만들도록 하자" 앉아 있는 순서대로 답을 하되 순서가 된 사람이 아이디어를 내지 않으면 건너뛰지 말고 반드시 말하게 하라고 한다. 틀리는 것에 대한 두려움을 없애고 최소한의 역할을 하도록 리더가 배려하라는 것이다. 다르게 보면 압박하는 효과를 주는 것이다. 답하지 않으면 진도를 나가지 않으니까. 그러면 8–9개, 혹은 10개를 다 풀어내기까지 한다. 본인의 소극적 성향으로 '이게 설마 정답이 되겠어?'라며 입을 닫고 있던 사람이 억지로 아이디어를 내게 되고 그중에 정답이 있는 것을 보게 된다. 구성원의 다양성이 위력을 발휘하는 것이다. 실제로 비슷한 대학전공이나 업무분야 인원끼리 구성한 팀보다 무작위로 구성된 팀이 더 효과적이라는 것을 피부로 느끼게 된다.

문제해결의 원심력(遠心力), 많을수록 책임의 공백이 생긴다

여기까지는 문제해결력을 높이는 구심력求心力의 작동을 보았다. 반면에 인원이 늘어나면 결과가 무한정 좋아질까? 그 결과를 보여주는 실험으로 독일의 사회학자 링게르만이 찾은 심리적 현상이 있다. 링게르만의 효과, 방관자효과라고 하는 원심력遠心力이 작동하여 반대로 문제해결력을 저하시키는 것이다. 줄다리기를 혼자서 하면 100%의 힘을 쏟던 사람이, 2명 즉 2대 2로 하면 93%, 4명 즉 4대 4로 하면 85%, 8명이 하면 49%의 힘만 쏟는다는 것을 찾아냈다. 인원이 많을수록 책임의 공백지대, 사각死角지대가 생겨 최선을 다하지 않는다는 것이다. 사람이 늘어날수록 문제해결력이 떨어지는 현상을 보여주는 것이다.

이러한 심리적인 효과를 방지하기 위해 개개인이 참여함에 있어 빠지지 못하도록 아이디어를 내놓을 때까지 기다리는 방식으로 진행한다. 즉, 책임의 공백을 최소화하여 최고의 효과를 내는 것이다.

몇 명의 인원이 가장 효과적일까?

그렇다면 몇 명이 가장 효과적일까? 결론적으로는 8–9명 정도의 인원이다. 8명 정도로 제각기 다른 임무로 역할 분담하여 조직을 운영했을 때 가장 효과가 있었다. 작은 게임을 통해 실증적 경험을 보여준 것이다.

군대조직에서 편성한 최소 규모의 조직인 '분대分隊'조직이다. 평시에는 8명, 전시에는 10명으로 편성이 된다. 가장 최고조의 효과를 발휘하려면 리더가 되는 분대장이 구성원 각자를 개별화시켜 참여하게 하여야 한다.

현대의 기업조직들이 가진 고민은 팀 단위 조직의 인원이 몇 명이 적합할까 하는 것이다. 과학적인 접근으로 풀어낸 결과를 아직 보질 못했다. 필자가 강의 시간을 통해 다양한 활동을 시켜 본 결과는 8–9명이 가장 효과적인 전투형 조직이라는 결론을 가지게 되었다. 앞으로 IT 기술의 발달로 어느 정도 역할을 나누며 협업할 수 있을지도 새로운 관심거리이다.

추가로 몇 문제 풀어보자.

25=한_____짜
1492=콜_____도
36=손   _____랑
6=대_____수
4=자_____수

답은 276페이지에 둔다.

육아휴직 50명을 예상했는데 2명 신청:
지레짐작의 오류와 부하 여직원에게 배움

"인사과장 되시는 분이 그런 것도 모르세요? 결혼하고 애를 키우는 여직원의 경우는 육아휴직하고 집에 있는 것보다 출근하는 것을 더 좋아합니다. 그러니 걱정 마세요."

대우무역에서 인사과장으로 있을 때 부하 여직원으로부터 들었던 핀잔이었다.

"정말 그렇네. 내가 너무 마음을 졸이며 옹졸하고 우둔한 생각을 했구면."

1990년대 초반에 회사 여직원의 근무와 관련한 일이었다. 여직원의 비중이 컸지만 지금과 같은 근무여건은 제대로 갖추지 못했을 때였다. '여직원'들이라고 별도로 말하는 것도 이제는 어색하고 경우에 따라서는 양성평등 관련한 법규의 위반이 되는 시류時流와는 너무나 큰 차이를 느낀다. 최근 30여 년 사이에 획기적인 변화 과정에서 많은 깨달음을 준 사건이었다.

필자가 일했던 종합상사는 당시 약 2,000명의 직원으로 해외에 500여 명이 있었고 국내 1,500여 명 중 여직원만도 1/3이 되는 500여 명이 되었다. 대개가 무역업무 보조 직원으로 고졸 여직원이 거의 전부였고 입사

경쟁도 치열했다. 1980년대 후반에 겨우 대졸여직원 공개채용이 진행되었고 그것만으로도 당시 일간지의 톱기사로 다뤄질 정도로 대졸 여성들의 일자리 마련이 어려웠다.

여직원의 결혼 후 계속 근무도 개선이 되었다. 지금 기준으로는 상당히 생소하지만 결혼은 자연스러운 퇴직으로 이어지는 게 관례였었다. 대졸여직원 공채, 결혼 후 계속 근무, 출산휴가 3개월 보장 등은 대체적으로 서울올림픽이 열린 1988년 전후로 시행 혹은 규정화되었다.

1년간의 육아휴직제도 신설 앞에서 고민

그런데 인사과장으로서 또 다른 고민이 있었다. 출산휴가 동안 업무 공백을 메꿔 주는 일이었다. 지금과 같은 인력 파견제도나 그런 회사도 존재하지 않았다. 다행히, 기간도 3개월인 데다 인원도 많지 않아서 그런대로 대처를 할 수 있었다.

문제는 육아휴직제도였다. 법적으로는 1년간의 육아휴직제도를 권장하고 있었으나 다행히(?) 회사의 의무사항은 아니었다. 회사 인사규정에 도입이 되어야 발효가 되는 것이라 굳이 서둘러 도입할 이유가 없었다.

그러나, 결혼 후 근무가 가능하고 출신휴가도 시행되어 2–3년이 지나니 육아휴직이 필요한 사람이 제법 많아져 60–70명까지 이르렀다. 그냥 미룰 수만은 없었다. 그러나 1년 동안 대체 근무인원 문제가 해결이 되질 않았다. 해당자 중 절반만 해도 30여 명을 새롭게 채용해야 하고, 휴직한 여직원이 복귀를 하면 대체 투입한 인원은 어딘가 다른 부서로 보내야 하는데 자칫 잉여인력이 되는 것도 큰 문제였었다. 그러나, 그냥 미룰 수만 없어서 제도를 기안, 확정하고 전 부서에 알렸다.

직원의 사정과 심리를 헤아리지 못한 우둔함

그런데, 정작 신청을 하는 여직원이 거의 없었다. 당시 1-2명으로 기억한다. 안도의 한숨을 쉬면서 고개를 갸우뚱하고 있으니 우리 인사부의 한 여직원이 필자에게 핀잔을 주는 것이 아닌가.

"인사과장이라는 분이 어떻게 그런 것도 감지를 못 하시냐?"

"휴직하여 1년 동안 집에서 애기 보는 일로 시간을 보내면 얼마나 갑갑하겠느냐? 휴직기간 동안 급여도 없으니 생활경제도 문제가 있고. 시어머니나 친정어머니께 육아를 맡기고 근무하는 것이 훨씬 마음이 가볍고 좋다고 한다. 월급 받아 용돈도 드리면 되는 것이고. 결국 본인은 그대로 근무하면 되니 휴직신청차가 없는 것이다. 오히려 제도를 만들어 두면 핑계가 없어지니 좋아하지 않는다" 당시 회사에서 식사를 하고 간헐적으로 회식을 하는 것도 남다른 재미로 인식되던 시기이니 휴직을 할 이유가 없다는 것이었다.

아뿔사! 내 혼자 생각으로 지레 짐작만 한 바보였었다. 정작 당사자에게 미리 한번 조사를 해 보면 될 일을 워낙 민감하다며 걱정만 한 것이다. 여직원의 입장이 제대로 이해가 되었고 큰 깨우침이 있었던 일이었다. 지레 짐작하며 모두 내 마음 같을 것이라는 착각은 기획이나 인사업무를 하는 데 천적天敵이구나 하는 생각이 들었다. 인간사 모든 경우가 그렇다고 생각한다.

모두가 내 마음 같을 것이라는 오류

몇 년 지난 후에 어느 커뮤니케이션 강의에서 들은 교훈이 있다. 상대방이 내 마음 같을 것이라는 착각에서 반드시 빠져나와야 제대로 된 커뮤니케이션을 할 수 있다는 사실이다.

두 가지 의미 있는 사례도 들었다.

첫째는 복잡한 장소나 시장에서 애를 잃어버리는 미아迷兒 발생의 많은 경우가 엄마가 자리를 비우면서 하는 말인 '잠깐만 이 자리에서 기다려!' 때문이라는 것. 잠깐이 지나면 애가 엄마를 찾아 나서며 길을 잃어버리는 바람에 영원히 엇갈리는 불행의 발단이 된다는 것이다. 잠깐만이라는 표현을 다르게 해석한다는 것이다.

둘째는 영어의 관용어 가운데 '낙타의 등을 부러뜨린 마지막 지푸라기 the last straw that broke the camel's back'라는 표현이 있다. 그까짓 지푸라기 하나의 무게가 얼마나 된다고 낙타의 등뼈를 부러뜨릴까 생각하지 말라는 것이다. 아무리 튼튼한 낙타라도 임계치에 달할 정도의 짐을 이미 지고 있는 경우는 마지막 지푸라기 하나가 결정적일 수도 있다는 것이다.

다섯,
고과·진급:
경쟁자보다 앞선다는 것

'술에 술 탄 듯, 물에 물 탄 듯':
인재의 정의

어릴 때 듣던 말 중에 헷갈리는 것 하나가 있었다. '술에 술 탄 듯, 물에 물 탄 듯'이란 말이다. 좋다는 것인가? 안 좋다는 것인가? 어릴 때는 이 말을 '조용하고 티가 나지 않으니 좋다'는 뜻으로 이해했었다. 그랬다가 중학교 때 선생님한테서 큰 야단을 맞았다. 아무 변화가 없고 무엇을 해도 별 효과가 없다는 뜻이라며 그런 사람이 되지 말라고 호통을 치셨다. 뭘 해도 흐리멍덩하게 하지 말고 제대로 하라는 뜻이라는 것이었다. 특히 변화가 많은 요즘 같은 때에 가져야 할 태도이자 자세라고 생각이 된다.

후배가 다니는 회사에 나이가 50살인데 만년 '대리'인 사람이 있다고 한다. 회사도 부득이하게 누구나 할 수 있을 정도로 쉬우며 큰 실수가 없을 만한 자리에 둔다고 한다. 정년까지 오래 다닐 셈법으로 적당히 일하며 승진을 일부러 피한다고 한다. 그냥 민망하니까 말하는 핑계였으면 좋겠다.

인재란?

인재를 뜻하는 말을 한자로 쓰면 다양하게 표현할 수가 있다.

인재人才, 재주가 많은 사람이란 뜻이다. 끼가 많으며 재능이 있는 사람이란 뜻이다.

인재人材, 위의 '인재'와 넘나들며 쓰는 듯하다. 필자는 이 글자를 좋아한다. 재목이 된다는 뜻으로 '나무 목'이 앞에 붙어 있다. 나무와 같이 쓰임새, 용처用處가 많다는 뜻이다. 시대의 흐름이나 장소의 호불호를 넘나들며 쓰일 수 있는 사람이란 뜻일 것이다.

그런데, 어느 사람이 나은지 분간이 어려운 글자도 있다. 인재在와 인재災이다. 앞의 것은 자리에 있기있을 재, 在만 하는 사람을 뜻한다. 조용히 있다는 뜻이다. '그래서 뭐 어쩌라고?' 하는 모습이다. 티가 나지 않는다. 술에 술 타고 물에 물 탄 사람이다.

뒤의 것은 재앙災殃급 인재災이다. 어디에서든지 시끄럽고 분란을 일으킨다. 같이 있으면 피곤하다. 스스로 일을 찾아서 하는 능력도 없고 시키는 일도 제대로 하질 못하고 엉뚱한 곳에서 사고를 친다.

그러면, 기업에서는 인재人在와 인재人災중에 누가 더 골치 아플까?

단연코 자리만 지키는 인재在이다. 어느 한 시점, 어느 한 조직에는 맞을 수도 있다. 문제는 세월이 가면 나이에 걸맞는 직위, 직급, 처우를 받으려고 한다. 그런데 성과가 없으면서 대접만 받으려고 한다. 차라리 그 자리에 없으면 누구라도 그 일을 할 것인데 자리만 차지하고 있다.

재앙 수준의 사람은 눈에 띈다. 상대적으로 조직으로나 개인적으로 오히려 다행이라고 생각한다. 일시적으로는 조직을 혼란에 빠뜨리기도 하지만 적절하게, 합리적으로 조치하면 된다. 본인의 잘못된 것을 깨우치게 하고 스스로 다른 길을 찾도록 만들면 된다. 세상 모든 조직, 모든 일에 궁합이 맞고 적절한 것은 아니니까.

가치 있는 사람 - '돈' 되는 사람

그러나 정작 우리는 또 다른 인재가 될 것을 꿈꾸고 노력해야 한다. 인재人財, 즉, 재물, 재산, 자산이란 뜻이다. 어디서든지 의미 있고 가치를 만드는 사람이 되어야 한다는 뜻이다. 들고난 자리가 분명해야 한다.

이런 사례를 눈여겨보자. 농산품을 거래하는 어느 회사에서 입사동기 두 명 중에 한 명은 승진이 되었고 한 명은 승진이 되질 않았다. 승진이 안 된 직원이 사장을 찾아와 항의를 했다. 항의를 받은 사장은 '지금 회사 앞에서 뭐가 팔리고 있는지 보고 오라'고 지시를 했다. 돌아와서 보고를 했다. "감자가 팔리고 있었습니다"라는 대답에 "가격은 어떻던가?"

"물건은 어떻든가?" "팔리는 양은?" 등 몇 가지 질문을 했더니, "저한테 그일은 시키시지 않았잖습니까?"라고 하는 것이었다.

사장이 이번에는 승진을 시킨 그 직원을 사무실 안으로 불러서 승진이 안 된 직원이 보는 앞에서 똑같은 지시를 했다. 나갔다 온 승진자는 "사장님! 감자가 팔리고 있는 데 제법 좋아 보이고 가격도 괜찮습니다. 좀 사다가 두면 돈이 될 것 같습니다. 300포대 확보하겠습니다"라고 답을 하는 것이다. 곁에서 이 말을 듣고 있던 직원은 슬그머니 사라졌다.

인사관리를 할 때 가장 안쓰러운 사람의 말들이다.

"저는 조용히 있었습니다. 잘못한 것 없습니다."
"그러면 잘한 것은?"
"특별히 잘한 것은 없지만. 잘못한 것도 없습니다."

"책임진다구요? 몸뚱아리 1/3만 내어놓지요": 책임의 엄중함과 지도자들

인사의 문제는 '전부 아니면 전무ALL OR NOTHING'로 처리되는 일들이 많다. 필자가 인사과장 시절에 직원들이 찾아와 사람이나 업무에 대한 의논을 할 때 적지 않게 고민스러웠던 경우에 해당된다. 검토나 준비가 미흡해 보이는 데에도 불구하고 추가 보완하지도 않으면서 '책임지겠다'고만 큰소리를 치는 경우에 쓰는 말이었다. 자칫 잘못되면 조직이나 다른 직원들에게 영향을 끼칠 위험이 클 때 이런 방식으로 경각심을 주려고 했었다.

'책임'이라는 말이 주는 엄중함과 이후에 일어날 일을 상상하지 못하며 객기客氣를 부리는 경우인 것이다. 특히 금전이나 물질적인 측면의 문제로 인한 손실이나 부작용에 대한 책임은 그나마 기업에서 '도전'이라는 명목으로 권장을 하기도 한다. 그러나, 사람에 관한 일에 책임진다며 실패하여 조직에 폐해를 끼치는 경우는 전혀 상황이 달라진다.

제일 한심한 경우가 책임을 진다고 하며 잘못되면 사직辭職하고 나가면 그만이라는 태도이다. 가장 눈살을 찌푸리게 하는 경우이다. 이후의 일은 남은 사람들이 욕먹고 수습해야 하는 것에 대해서는 안중에도 없다.

어중간한 자신감으로 '책임진다'고 할 때, 그 정도가 어중간해서 1/3 혹은 1/2의 책임이 있다면 어떻게 해야 할까? 돈이나 사직서로만 해결되는 것은 아니지 않는가? 상응하는 신체적 고통을 준다면 어떻게 될까? 고대에 체벌體罰로 죄인을 다루었다는 발상법으로 말이다.

책임의 범위와 의미

책임에는 두 가지 개념이 있다. 하나는 사전적으로 쓰이는 책임 Responsibility이라는 말로 '최소한의 책임'을 규정하는 것이다. 또 다른 하나의 책임Accountability이라는 말은 '목표에 대한 성과 책임'을 말하는 것이다. 두 가지의 용어가 특별히 구분 없이 쓰이고 있다.

자전적字典的으로 보면 'Responsibility'는 'Response'와 'Ability'의 합성어로 '반응하는 능력'이다. 즉, 자극에 대한 반응이다. 시각, 청각, 촉각, 미각, 후각 등 5감각에 자극이 주어지면 반응하고 상응하는 조치해야 하는 것이다.

'Accountability'는 'Account'와 'Ability'의 합성어로 주어진 계좌, 구좌에 정해진 돈을 채우는 능력이나 행위를 말하는 것으로 추정할 수 있다. 즉 개인이나 조직에서 주어진 목표나 미션에 대해 완성하고 마무리해야 하는 것이다.

책임은 자극이든 목표이든 정확하게 인지하는 것이 필수이다.

또 다른 경험

나는 40여 년 전 군복무 시절에 혹독한 경험을 했다. 장교로 임관, 약 1년 동안 해안선 야간경계를 하는 부대의 소대장으로 부임하였다. 경계 임무를 시작한지 며칠 지나지 않았는데 새벽 3시경에 어느 초소에서 긴급히 소대장을 찾았다. 가보니 어느 여성이 초소에서 군인에게 폭행당했다고 고함치고 있었고, 우리 소대원들은 '미친 사람'이라 하며 아무 일이 없었다는 것이었다. 문제로 지목된 병사를 따로 불러 수차례 확인을 해도 본인은 아무 일이 없었다고 했다. 그러는 중에 아침이 되었으나 정리가 안 되니 여성은 경찰에 신고를 했다.

그러는 사이 상급부대로 보고가 되고 상관들도 같이 모였다. 군인과 민간인의 다툼이 되어 관계자 모두 파출소에 모여 확인에 들어간 것이었다. 여전히 당사자는 잘못이 없다고 하니 경찰이 '마지막으로 과학적 방법에 의한 확인을 하자'고 하니, 그때서야 무릎을 꿇으며 "소대장님! 잘못했습니다"라고 하는 것이 아닌가? 이후 수습하는 데 너무 큰 대가를 치렀다. 책임감이라는 단어의 엄중함을 온몸으로 느꼈던 기억이 지금도 생생하다. 그 사건 이후로 부하들의 보고에 대해서는 반드시 확인하는 습관을 익혔다.

주어진 조직에서 책임의 범위가 어디까지인가는 중요한 문제이다. 책임의 범위를 정하기 위해 기업은 '전결專決규정'을 만들어 업무를 처리해 나가지만 전부는 아니다. '리더가 되는 사람은 규정과 명령에 의해 주어진 조직에서 본인만 잘하고 문제없으면 되는 것인가?' '어느 수준, 어느 단계까지 책임져야 하는가?' 등 정말 많은 생각을 하게 된 계기였다.

이 시대 지도자들과 책임의식의 확장

우리는 지난 3~5년 사이에 국가 최고의 지도자인 대통령의 책임에 대해서도 생각하게 되는 엄청난 사건을 겪었다. 지금도 유사한 일들이 비일비재하게 일어난다. 가까운 친구 사이, 동창회, 동문회, 크고 작은 모임 등에서도 인간의 욕심으로 인한 사건들이 많아 어수선하다. '책임'이라는 말을 조금 확대 적용하는 발상법이 필요해 보인다.

나는 지금 교육 분야에서 책임 있는 입장에 서 있다 보니 이 시대 청년들의 모든 문제가 '나의 책임'이라는 생각으로 접근한다. 매사에 책임 있는 자세가 필요하며 반드시 직접 확인이라는 절차가 따라야 한다. 상대가 틀리고 못해서가 아니라, 나이나 직급, 경험에 따라 식견이나 지혜가 다르기 때문이다.

1970년대를 풍미했던 소설가 이병주 선생님의 장편소설 『지리산』의 한 구절이 생각난다. 일제치하에서 주인공들의 대화 중에, 제자가 쉽게 생각하고, 쉽게 답하고, 쉽게 다짐하는 모습을 보고 질책하는 말이다.

"자네 어디서 그렇게 쉽게 말하는 법을 배웠나?"

위대함과 보통의 차이, '준비': 너무나 쉽지만 잘 놓치는 것

미국의 철강왕 카네기가 생전에 사무실에 걸어두었던 그림이 있다고 한다. 젊은 시절에 보험영업을 하며 어느 고객의 사무실에 걸려있던 그림의 의미를 깨닫고, 고객의 임종 때 본인에게 달라고 부탁해서 사무실에 평생 걸어두고 스스로를 경계했다고 하는 그림이다.

그림의 내용은 노을로 봐서는 해질녘이고 잠시 후면 짙은 어둠이 깔릴 시간이다. 그리고 닻이 드러난 것으로 보아 썰물 상태로 개펄에 박혀 오도 가도 못 하는 처지로 보였다. 절체절명의 상황이다. 그런데, 자세히

보면 배에는 2명의 사람이 앉아 무엇인가를 하고 있는 모습이다. 추측컨
데 고기 잡으러 갈 도구인 어구漁具, 선구船具 손질을 하는 듯하다. 카네기
는 이 모습을 본 것이다.

'준비'이다. '물 들어오면 노 저을 준비'이다. 그런 자세가 세계 최고로
성장한 일단一端이었을 것이다.

또 다른 '준비의 거인(巨人)'

20년 전에는 '부장'직급밖에 되질 않아 감히 근처에도 못 갔던 분을 다
시 만나고 있다. 지금은 고인이 되신 대우그룹의 김우중 회장이다. 대우
그룹의 전직 임직원이 모여 '글로벌청년사업가양성과정GYBM'이라는 교
육사업 실무총괄을 하면서부터이다. 직접 뵙는 기회가 종종 있었다.

이 교육과정은 해마다 200여 명을 선발하여 1년 동안 베트남, 미얀마,
인도네시아, 태국에서 교육연수 시킬 때 숙식을 함께 하며 진행한다. 현
지의 대학교를 물색하여 교육체계와 강사운영, 기숙사 등을 이용하게 된
다. 물론 비용은 우리가 전액 지불한다. 그런데, 김 회장께서는 현지 학
교 총장을 비롯한 교수진에 최고의 정성으로 '우리 연수생'을 부탁하는
예우를 갖춘다. 꼭 한 번 한국으로 초청을 하여 한국의 여기저기를 보여
주며 연수생들에 대한 지도를 부탁한다. 크고 작은 만남을 '준비'하는 과
정은 꼭 결혼을 앞둔 신랑신부의 만남 이상의 정성을 들이는 것이다.

위대함의 길은 사소해 보이는 것에 대한 치밀함의 축적이라 생각한다. 그러기 위한 마음가짐부터 작은 행동까지 준비하는 구체적인 실천과 실행에서 출발하는 것이다.

애나 어른이나, 대학생이나 직장인이나 준비의 소홀함이…

집 근처의 실내 수영장을 가끔 간다. 물속에 들어가기 전에 몸을 씻고 들어가는 것은 상식인 줄 알았다. 그런데 옆에 오신 어르신 분이 그냥 들어온 듯하다. 고약한 체취를 풍긴다. 아무 준비 없이 들어오는 것이다. 흔히 보는 일들이다.

요즘같이 휴가시즌의 월요일이면 출근길에 사무실로 올라가는 엘리베이터에서 다른 회사의 직원들의 대화를 원치 않지만 듣게 된다. 여름휴가에서 오늘 새벽에 집에 돌아온 일로 무용담을 늘어놓는다. 도착과 동시에 출근한다고 한다. 모두 다 들릴 정도의 목소리이다. 출근 준비는 실종이다. 흔히 보는 직장인들의 모습이다.

강의장에서도 자주 본다. 당일 첫 강의의 지각은 예사다. 지하철, 버스… '내 권리인데 어때서'라는 자세이다. 1시간 강의 후 벽시계를 가리키며 "저 시계 10시까지 휴식이다" 하고 지켜보면 가관이다. 예고된 시작 시간 10시가 되어도 자리가 비어 있고 강의장도 어수선하다. 강단에 서서 쳐다본다. 여전히 아랑곳하지 않는다. 잡담하고 핸드폰 쳐다보고. '강의 시작한다'고 소리쳐야 겨우 정리가 된다. 몇몇은 여전히 소곤거리고 딴짓을 한다. 그래서 늘 하는 잔소리이다.

"인생에 누구나 3번의 기회가 지나간다고 한다. 그때 거머쥐어야 한다고 한다. 그런데, 지금 여러분은 10시라는 정해진 시간의 첫 번째 기회, 교수님이 강단에 나타난 강의 시작 신호의 두 번째 기회, 강의 진행의 세 번째 기회를 모두 그냥 보내고 있다. 아주 준비 없이….."

당장 취업이 안 되고, 세월이 지나며 뒤처지는 인생을 누구에게 원망하겠는가?

확 깨게 만든 웃픈 작은 사건

조금은 다른 이야기이지만, 한번은 김우중 회장님의 어느 중앙일간지 서면인터뷰의 초고草稿를 정리해 드린 적이 있다. 미리 받은 질문들에 대해 늘 듣던 내용을 정리해 드리면 일부 수정해서 언론사로 보내던 터였다.
그때 낯선 질문이 있었다. "1년간 베트남 현지 합숙연수 기간 동안 왜 일요일은 술을 먹지 말라고 하십니까?" 참 난감하고 딱한 질문이었다.
답은 '준비'였다.

승진 탈락과 또 다른 시험대:
실망감의 극복과 '학이시습지(學而時習之)'

승진에서 탈락

"과장님! 이번에 왜 승진 탈락입니까? 이유를 설명해 주십시오"

승진을 잔뜩 기대한 직원의 항의성 질문이다. 전날 발표한 승진자 인사발령 목록에 빠졌다고 인사과장인 나를 찾아온 것이다. 답하기가 참 난처한 경우이다. 승진 심사제도는 회사마다 차이가 나겠지만 대체적으로 각 현업부서에서 승진을 추천 혹은 내신內申하고 인사부가 종합, 심사로 확정하는 경우가 일반적이다. 평가요소도 다양하고 많다. 누군가 승진하고 누군가 탈락할 수밖에 없는 상황에서 "왜 탈락되었습니까?"라고 따지며 물으니 정말 난감할 수밖에 없는 것이다.

유일한 답변과 다시 보는 기회

"미안하다. 대상자는 많고 승진시킬 T/O는 적은 상황에서 상대적으로 판단하다 보니 탈락된 것이다. 자네가 특별하게 뭐가 나쁘다고 말하기는 어렵다. 이해 바란다"는 식으로밖에 답을 할 수가 없었다. 참 힘든 설득을 하는 것이다.

몇 마디 더 대화가 오가다가 마음 정리를 하는 단계로 접어드는 행동이 눈에 들어온다. "알겠습니다. 서운하기는 하지만 마음 정리하겠습니다. 내년에는 꼭 진급되도록 약속해 주십시오"라며 매듭이 되는 경우와, "저는 도저히 못 참겠습니다"라며 계속 화를 내며 일단 돌아가지만 또다시 항의하러 올 것 같은 경우이다. 이후의 일들은 다양하게 전개가 되었다.

그런데, 이 단계에서 당사자는 또 다른 관점으로 재평가가 된다. 한 경우는 혼잣말로 "유능한 친군데 미안하게 되었네. 내년에는 꼭 챙겨봐야지." 하며 인사부 상사들에게도 보고를 하게 된다. 반대의 경우에는 "승진 안 시키길 잘 했네. 우리가 평가를 제대로 했네!"라며 마음을 더 멀게 만드는 경우다. 미안함이 당연함으로 결론난다.

필자가 지켜본 대다수의 경우, 전자前者로 매듭이 되는 사람이 고맙고 빚진 마음이었다. 힘이 닿는 한 그 약속은 지켜주었다. 그리고 다음 단계의 삶을 지켜보니 좋은 결과로 이어지는 경우가 대부분이었다.

성공 가능성이 높은 사람

최근에 필자가 읽은 책 중에는 유난히 '장사, 영업'에 관련된 책이 많다. 기업의 직무 중에 외부인과 접촉이 가장 많으며 당사자 둘의 이해관계가 극명하게 대립되는 것이 '영업'이다. 장사를 해서 제대로 성공하면 다른 것에도 유사한 결과가 나오는 것을 보아왔다. 영업, 장사의 길과 인생의 길에 있어 성공. 실패의 궤적이 비슷한 것이었다.

큰 조직에 있을 때, 저직급자 시절에는 시키는 일이 태반이다 보니 성향의 차이가 두드러지지 않는다. 그러나, 고직급자나 임원급이 되면 필연적으로 나의 것(생각, 제품, 제안 등)을 누군가에게 '팔아야' 하기에 성향의 차이에 따라 성과도 뚜렷하게 차이가 난다.

그런 의미에서 한 질문이 필자에게는 인상 깊게 눈에 들어왔다. "장사 잘하는 사람은 외향적extrobert인 사람일까? 내성적introbert인 사람일까?"라는 질문이다. "성공하는 사람은 외향적이냐 내성적이냐?"는 질문과 맥을 같이한다.

대개가 '외향적'이라고 답을 한다. 상대에게 호감을 주고 설득 잘하는 사람일 것이라고 추정하는 것이다. 거래를 만들어가는 과정에서 결론(계약, 확정 등)이 나기 전前단계만 보면 일리가 있어 보인다.

그런데, 중요한 것은 결론이 난 이후이다. 좋은 결론일 때는 누구나 다 비슷하겠지만 '실망스런 결과'를 대하는 태도는 장기적인 관계를 형성하며 예측하게 하는 중요한 척도BAROMETER가 된다. 인간관계나 영업, 장사에서 만족스러운 결론과 실망스런 결론은 수없이 교차되며 오가는 것이다. 1회성 관계로 끝날 일이면 몰라도 많은 기회가 오가는 상대라면 판단이 달라질 것이다.

인사업무를 끝내고 중소기업에서 전문경영인으로 5년간 근무하며, 이후에 교육현장에서 정부나 공공부문 관계자들과 주고받으며 많은 경우가 눈에 들어왔다.

그런 의미에서 위 질문의 답은 '양향적ambibert인 사람'이다. 이 말은 하루에도 수없이 만나는 특정 조직 내의 인간관계에도 똑같이 적용이 된다. 당장은 '서운하고 실망스러운 것'이 당연한 것이다. 그러나 그 이후에 상대를 이해하며 스스로 일상으로 돌아가는 힘이 더 중요하다는 것이다.

다음을 기약하며 스스로를 회복하는 사람

이런 모든 것을 회복탄력성resilience이라는 말로 대신하고자 한다. 인생의 긴 여정 동안 가족을 제외하고 가장 많이 부딪히는 사람이 직장의 상사, 부하, 동료들이다. 그들에게 '나'라는 존재가 어떻게 기억될까? 하는 것에 많은 관심을 가져야 한다. 1년 조직생활을 평가받는 자리에서 실망스러움을 슬기롭게 극복하는 자세가 중요하다.

다행인지 불행인지 모르지만 필자가 13년간이나 인사관리업무를 하다 보니 이런 사람은 반드시 기억해 두었다가 다음 해에는 반드시 챙겨주었다. 또 다른 기회가 있다면 그때 '곤혹스러웠던 인사과장'을 잘 이해해 준 것이 고마워서 기회를 먼저 주는 것도 잊지 않았다.

이 곤혹함을 정리하며, '논어論語의 학이편學而편'을 인용한다.

學而時習之(학이시습지)면 不亦說乎(불역열호)아
有朋自遠方來(유붕자원방래)하니 不亦樂乎(불역락호)아
人不知而不慍(인부지이불온)이면 不亦君子乎(불역군자호)아

마지막 문구를 보자. '다른 사람들이 알아주지 않아도 화내지 않으니 이를 군자라 하지 않겠는가?' '군자'는 요즘 단어로 바꾸면 '리더LEADER' 이다. 성공하는 사람, 성공한 사람이다. 그 전제가 애쓰고 노력했음에도 알아주지 않은 것에 대하여 '화내지 않음不慍'이라는 말은 한번 새겨 볼 말이다.

승진과 인생 3재(災), 그리고 지금: 젊은 날의 치열함은 인생의 자산, 보험

"박창욱 대리! 축하합니다. 이번에 사원에서 대리로 승진 발령났습니다."

30여 년 전인 88년 1월 1일의 일이다. 승진 평가 업무의 실무담당자이기에 미리 알고 있었지만 정작 인사발령을 접하고 나니 남달랐던 기억이 생생하다.

직장생활에 짜릿했던 최초 순간

주변에서 '대리' 진급이 인생에서 가장 좋은 때라고 그랬다. 사원 시절의 호칭은 단순히 '○○씨'로만 불린다. 고등학교를 갓 졸업한 여직원과는 대학 4년, 군대 3년의 차이를 두고 '맞짱'뜨는 것이었다. 대학 4년, 군대 3년이니 최소 7살 차이가 같은 호칭이었다. '○○대리님'이라고 불리면 괜히 어깨에 힘이 들어가는 계기가 되었다. 선배들이 모두 그런 의미로 해석하며 많은 격려와 축하를 해주었던 지나간 옛 추억이다.

필자가 근무했던 주식회사 대우는 종합상사로 1년에 한 번 승진시키는 제도를 갖고 있었다. 대졸자 기준으로 4급 사원, 대리, 과장, 차장, 부장으로 이어지는 직급이 있고 그 직급에서 4년차가 되면 승진심사대상이 되는 제도였다. 실제 승진은 50-60%선이었던 기억이다.

그런데 세월이 지나 회사에서 나의 성장을 뚜렷하게 느끼며 보람 있게 일했던 때는 '과장대리'로 일하는 권한이 주어졌을 때였다. 정식 '과장'은 아니니 책임은 비교적 덜했지만 원 없이 일해 보았던 추억이 지금도 생생하다. 그때 3–5년 동안 배운 업무능력으로 평생을 살아가고 있다고 해도 과언이 아니다.

인생 3재(災)

흔히들 삶에 있어 3가지 악재惡材, 즉 3가지 재앙災殃으로 '초년 성공成功, 중년 상처喪妻, 노년 빈한貧寒'을 말한다. 젊은 시절에 너무 빠르게 성공하는 것, 나이 들어 한창일 때 부인이 죽어 이별하는 것, 늙어서 돈 없고 추운 것이라고 한다. 이런 삶의 이치를 요즘 부쩍 느끼게 된다. 아무래도 이런 말의 맛은 나이가 들어야 느껴진다는 것이 새삼스럽게 실감이 난다.

그런데, 초년 성공이 악재라고 한다. 능력 있어 돈을 많이 벌고, 높은 지위에 오르고, 큰 시험, 대회에서 이름을 세상에 떨치는 것들이 얼마나 짜릿한 일인가? 그런데 경계警戒하고 조심하라고 한다.

최근 김비오 골프선수가 욕설로 화근을 불렀다(29살). 얼마 전에 스피드스케이트 이승훈 선수의 후배 폭행(31살)도 있었으며 검찰에 불려가는 수많은 연예계나 기획사 대표들을 보고 있다. 뿐만 아니라 유명 인사들의 자녀들도 진배없다. 어린 나이에 부모 덕분에 받은 횡재로 인한 사건이 하루가 멀다 않고 일어나는 것을 보고 있다. 동서고금東西古今을 막론하고 나타나는 현상이다.

전문성으로 성장하는 것에 걸맞은 인성과 됨됨이가 병행되어야 하는 것이다. 혼자 사는 세상이 아니고 혼자서는 문제해결 능력이 현저히 떨어지기에 자칫 본인만이 아니라 조직 전체를 파멸로 이끌기 때문이다.

젊은 날의 직장생활

인사과장 시절에 승진에 관해 나름대로 가지고 있던 실무적인 생각이 있었다. 3단계로 구분하여 사원–대리–과장은 주어진 승진 연한을 꼭 채워서, 과장–차장–부장–임원은 1년 정도 빠른 특진을, 임원이 된 이후에는 성과에 따라 1, 2년 만에 특진도 시키는 운용이 좋겠다는 생각이었다. 젊은 날, 실무자 시절의 업무경험과 동료들 협조는 정말 돈 주고도 사지 못할 기회이기 때문이다.

당시에 13년간의 인사업무담당으로 승진 전후의 실제적 활동을 꾸준히 보면서 정리했던 생각이다. 다행히 지금도 여전히 무난했다고 생각이 든다. 그런 의미에서도 인생 3재災에 '초년성공'을 꼽는 것에 서슴지 않는다.

승진 지연의 환상과 노년 빈곤

이제 1년을 마감하는 시점으로 기업의 인사고과 시즌이 되었다.

불편한 트렌드가 있다고 한다. 정년까지 안녕安寧하게 있는 것이 중요하다는 생각으로 승진을 늦추는 것이 유행이라고 한다. 빨리 진급하면 빨리 회사를 나가야 되니 험한 세상에 내던져지는 것이 두려워서 그런다고 한다. 쉽게 조절될 일은 아니지만 큰일이라는 생각이 든다.

진급은 기업에서 최고의 동기부여 수단이다. 최선을 다해도 안 되는 것은 어쩔 수 없다고 치더라도 진급을 늦추겠다는 생각으로 느긋하게, 적당하게 하겠다는 것은 정말 큰 화禍를 부른다.

첫째는 적당주의의 태도는 짧은 시간에 '습관'으로 자리 잡는다. 진급을 늦추어 정년까지 오래 다닐지는 모른다. 그러면 정년 이후는 기대하지 말아야 한다.

둘째는 의도치 않게 정년 이전에 회사를 떠날 수밖에 없는 경우도 있다. 이런 직원들이 자리 잡고 있는 회사가 잘되겠는가? 회사 생존에 문제가 생겨 내쳐지는 경우도 생각해야 한다.

셋째는 열심히 하다가 진급이 안 되어 관두면 그나마 자생력이 생겨 재취업이나 창업에서 빨리 자리를 잡는다. 오히려 이전 직장보다 승승장구하거나 내 사업이 성과를 내어 이전 직장 동료들의 부러움을 사는 경우를 많이 보아왔다.

이순(耳順)에 가지는 필자의 고민

귀가 순해지는 나이가 되었다. 빈곤을 걱정하는 나이다. 일도 계속 하고 싶다. 최근 강의로 정리하고 쌓아 놓은 자료가 하늘을 찌른다. 그런데, 강의와 일로 누가 불러 주느냐 하는 걱정도 앞선다. 정말 고마운 것은 '하늘은 스스로 돕는 자를 돕는다'라는 사실이다.

"이 직원 승진시켜? 말어?":
인사고과 실무경험과 직장인의 기본

대기업 인사부 근무 13년에 경험한 최고의 행운은 '인사고과'업무를 다양하게 해보았다는 것이다. 길지 않은 기간 동안 인사부에서 해볼 수 있는 모든 경우의 수를 고민해 봤다. 13년간 인사업무를 하는 동안 회사의 최고경영자인 사장CEO이 다섯 번 바뀌고 그때마다 방법이나 기준도 상당부분 달라졌기에 결과론적인 일이긴 하다.

CEO 나름대로의 평가 의지를 반영하다 보니 실무자의 눈으로는 양극단의 의지를 느끼는 경우도 많았다. 그러나 직원들에게 보여지는 것은 일관성을 유지해야 한다. 일을 하는 방식을 포함한 조직문화에 큰 영향을 주는 것이기 때문이다.

그래서, 인사업무 중 가장 힘들었던 업무 중의 하나로 기억된다. 덕분에 그만큼 소중한 나만의 경험이 되었고 개인적으로 큰 자산資産이 된 것이다. 인사업무를 하던 회사를 떠나 중소기업으로 전직하고서 좋은 인사평가 제도를 만들어 그 회사의 성장에 크게 기여했다는 자부심도 남게 되었다.

이런 경우라면?

한번은 이런 일이 있었다. 중동지역의 전쟁으로 모든 것을 버리고 목숨만 챙겨 간신히 귀국한 해외주재원 직원에 대한 승진 관련 결정이 문제가 되었을 때의 일이다. 필자도 입사한 지 6년 정도 지나 고참 대리가되었을 때였다. 상당한 실무적인 무게감으로 일할 때 인사평가의 극단적인 경우를 경험한 것이다. 기억에 의존하는 사실이라 혹시 당사자에게약간 무리가 있을지 모르겠다. 큰 실례이겠지만 의미 있는 사건이라 양해를 구한다.

1991년 1월 미국과 이라크의 전쟁인 걸프만 전쟁이 일어났다. 당시미국이 연합군을 편성하여 쿠웨이트를 공습했다. 그 전해의 8월에 쿠웨이트를 점령한 이라크를 밀어내기 위한 전쟁이었다.

당시 우리 회사는 쿠웨이트시에 1인 지사로 영업을 유지하고 있었다. 그러나, 워낙 심한 공습에 정부가 제공한 수송기를 이용해 생사를 넘나들며 간신히 한국으로 돌아왔다. 전쟁이 끝나면 다시 현지로 복귀해야 하니 약간 어정쩡한 상황으로 지내게 되었다. 그러던 중에 연말의 인사고과를 받게 되었다.

1월에 피신을 했으니 1년 동안 고스란히 영업을 하질 못했다. 당해년도의 영업계획이 완전이 물거품이 된 것이다. 그런데, 당사자는 과장 4년차로 차장 진급을 꿈꾸는 대상이었다. 직전연도 2-3년의 인사고과 성적이 있지만 정작 당해 연도는 평가가 불가능하였다. 당시 과장급 4년차는 50-60%를 승진시키던 상황이었다.

내가 사장, CEO라면 어떻게 하겠는가? 전쟁이라는 불가피한 상황이고 목숨을 걸 정도의 위태로운 상황을 겪었으니 승진을 시켜야 할까? 아니면, 아무리 전쟁통에 고생은 했지만 '업적'이 없으니 이번엔 제외시키고 다음 해에 기회를 주고 결과에 따라 판단하는 것이 맞을까?

당시 최종 심사하는 인사위원회에서 상당히 심도 있는 논의가 이루어졌다. 전쟁이 끝나면 당사자가 가서 영업망을 복구하며 정상화를 추진해야 될 당사자라는 측면을 고려하여 '승진'시키는 것으로 결론을 맺었다. 거기에 더하여 필자의 눈에는 평소 본인의 업무처리 '태도'가 크게 영향을 준 것으로 보였다. 경영진의 직관이었다.

완벽한 제도는 없었다. 그러나 추구해야 한다

인사부에서 평가를 했던 실무자들의 고민을 한 번 모아본다. 필자가 지켜보고 의지를 반영한 인사 제도의 양면성이다. 5명 CEO의 다양한 인사철학을 경험하며 고민한 내용들이다.

1. 인사고과는 역량과 태도, 업적까지 반영해야 한다.
   아니다, 업적은 따로 떼어 성과급에 반영하면 된다.

2. 인사고과는 과거의 실적과 결과의 반영이다.
   아니다, 잠재력 평가의 측면으로 미래도 봐야 한다.

3. 인사고과는 모든 평가요소를 반영해 숫자로, 복합적으로 보아야 한다.
   아니다, 숫자도 봐야하지만 단순하고 명쾌한 것이 낫다.

4. 인사고과는 전 직원을 한 줄로 세워서 보아야 한다.
   아니다, 직급이나 직책별로 경쟁 상대를 구분하여 상대적인 관점에서 보아야 한다.

5. 인사고과는 상사上司의 평가만으로 충분하다.
   아니다, 동료나 부하평가도 반영한 다면평가여야 한다.

6. 인사고과는 해당기간 동안에 쏟는 에너지가 너무 커서 1년에 한 번이면 된다.

아니다, 공정성과 연간 평균성을 담보하기 위해 1년에 두 번 즉 6개월에 한 번씩은 해야 한다. 그래야, 1년에 한 번만 상사에게 잘 보이려는 영악한 인원을 방지한다.

7. 인사고과는 순수한 개인 역량만 평가해야 한다.

아니다, 조직원끼리의 영향관계 즉, 리더십 역량도 반영을 해야 한다.

세월이 지난 지금 - 전략적 판단

인사고과라는 일은 어렵고 어려운 일이었다. 다행히 내가 재직할 때 회사는 크게 성장가도에 있을 때였다. 그러면 인사 담당이 업무하기는 조금 쉽다. 직원들도 열심히 하고 평가도 후(厚)해지기 때문이다. 그러나, 영업이 어렵고 회사가 위기에 처하면 달라질 것이다.

인사고과 문제는 회사 경영 전반의 전략적 판단을 기초로 이루어져야 한다. 개인적으로 발군의 실력을 보이는 직원이라도 당시의 회사 방침과 전략에 맞지 않으면 좋은 평가를 받을 수가 없다는 생각이다. 즉, 회사의 직원들은 회사가 처한 전략적 입장에 센서sensor를 가동하며 일하는 습관을 갖추어야 할 것이다.

'답다'와 '다와질 것이다'의 논란:
승진의 양면성 – 실적과 잠재력

연일 신문에 대기업들의 임원급 승진 인사발령 소식들로 가득하다.

어느 사람은 전년도 실적이 좋아서,
어느 사람은 전년도 실적이 좋질 않지만….
여기엔 나름대로의 기업 철학과 전략이 담겨있기도 하다.

'승진', 직장인이라면 누구나 그 이름 석 자를 올리고 싶은 것이다. 임원급 승진으로 신문에까지 본인의 이름이 나온다면 '가문의 영광'일 것이다.
　그런데, 이면에는 역량이 다 되어서 회사를 떠나는 사람도 즐비하다. 잉크를 쓰지 않아 보이지 않는 이름이 있다는 것이다. 거기에 해당되는 당사자나 가족들의 마음은 오죽하겠는가. 임원 승진 여부를 말할 시기는 나이가 40대 이상이다. 집안일로 돈이 제일 많이 드는 시기다. 그런데, 회사를 떠나야 한다. 정말 황망한 경우들이다.
　필자는 대기업에서 '부장'으로 진급한 첫 해에 회사를 떠났다. 다행히 중소기업의 '상무'로 재취업을 한 덕분에 이런 고민에 빠져 본 적이 없다.

승진의 의도와 목적

인사고과, 인사평가를 하는 시기가 되면 담당자끼리 해묵은 논쟁을 한다.

승진은 '실적, 역량의 결과(~답다)의 결과인가?'
아니면 '앞으로 그럴 가능성(~다울 것이다)이 있어서 되는 것일까?'

인사담당 실무진만 아니라 CEO나 오너분들의 생각도 제각기 다른 경우를 많이 보았다. 눈으로 보이는 성과만이 아니라 조직을 위한 헌신, 부하 직원들의 평판도, 눈에 드러나지 않는 회사 외부와의 인적 네트워크 관리 등 상당히 많은 요소들이 작동한다.

임원이 되고 그 세계에서 또 한 단계 높은 자리로 도전하기 위해서는 회사에 기여하는 영역을 넓히며 남다르게 차별화된 영역으로 변신해 나가는 노력이 중요하다. 남들이 어려워하는 영역에서 존재감을 발휘하도록 준비하고 노력해야 한다. 그런 사람들이 기업에서 성공하고 장수한다. 내가 아니면 안 되는 위치에 들어가야 한다는 것이다. 말같이 쉽지 않은 일이지만 다양한 자기계발과 외연 확장으로 나아가야만 한다.

승진의 PARADOX

그런데, 대다수의 직장인들이 정작 승진을 시켰는데 눈에 띄게 무능한 모습을 보이는 경우도 많다. 왜 그럴까?

과거의 모습을 보고 승진시켰기 때문이다. 빠른 시간에 승진된 직급에 걸맞은 역량을 보여야 한다. 하던 일을 이전 직급 수준으로 하게 되면 상사는 물론이고 주변의 동료들은 '인지부조화認知不調和'에 빠지게 되며 뭔지 모르는 불균형으로 어색함을 겪게 된다. 심할 경우 당해 연도 인사평가 전체의 신뢰도에 문제가 생기기도 한다.

새로운 직급에 맞는 일을 맡아야 하고 성과를 내야 한다. 그런 과정에서 부하직원을 잘 다뤄야 하고, 주변의 동료들에게는 남다른 협조 능력을 보여줘야 한다. 회사에서 보완해 주는 교육이나 훈련이 있으면 좋겠지만 그렇지 못하는 경우도 허다하다. 스스로 걸맞은 역량 개발에 힘을 다해야 한다. 그런데 요즘 기업들 사정이 녹록지 않은 모양이다. 대기업은 그나마 낫지만 중소기업들은 그 방향을 찾기도 힘들 지경이다. 그래도 미래를 위해 스스로 회사 외부에서라도 찾아서 그런 교육훈련에 참여하고 공부해야 한다.

내가 아니면 안 되게 만들어라

세상의 변화가 심한 시절이다. 경제 탓이든, 정치 탓이든, 재수나 운 탓이든 세월이 가면서 나이가 들고 가족도 늘고 욕망도 늘고 씀씀이도 커지게 마련이다. 그러자면 걸맞은 위치에 가 있어야 한다. '다워야 한다.'

'다울 것이다'로 오래가면 큰일 난다. 오로지 실력만이 미래를 지키는 힘이다. 그 힘을 키우는 마지막 각오는 "두고 봐라. 내가 아니면 회사가 안 돌아가게 할 것이다."가 되어야 한다.

승진(昇進)과 신장개업의 패러독스(PARADOX): 인지부조화의 함정

"저 사장 돈 벌더니만 돈에 눈이 어두워진 것 같애!"
"저 가게 확장하더니만 맛이 없어졌어!"

손님이 많이 몰려 돈 들여 가게를 손질하고 키웠더니만 손님들의 반응은 이렇게 돌아온다. 제자리 잡는 데는 시간이 많이 걸리고 심한 경우 주저앉기도 한다. 확장하는 데 드는 비용을 감안하여 판매 가격이 오른 경우가 대부분일 것으로 생각된다.

그러나 실제 중요한 것은 소비자의 '인지부조화'에서 생기는 불균형이 결정적인 이유라고 생각한다. 그 음식의 맛이 그대로라 치더라도 새로운 실내 인테리어나 집기 등이나 똑같은 방식의 고객 접대서비스 수준, 카운터에 앉아서 가게를 진두지휘하는 주인의 모습 등의 균형이 깨지는 불편함을 느끼면서 나타나는 현상이다.

몇 년 전에 중소병원 하나가 시설 전면 개보수 하는 것을 보고 원장을 찾아가 종사자(사무직원, 간호사, 미화시설 등 직원)들을 교육시키자고 설득시킨 경험이 있다. 비록 짧은 1박 2일의 서비스 교육이었지만, 재개장 이후에 병원의 서비스가 부드럽게 안착이 되었고 3년 정도 지난 후에 2배로 늘어난 환자를 돌보는 것도 무리가 없었다고 한다. 보다 고급화된 병원시설 수준에 맞는 서비스교육을 미리 시킨 덕분이었다.

승진자의 인지부조화

유사한 상황이 회사에서도 일어난다. '믿고 승진을 시켰더니만 제 몫을 못 하더라'는 경우이다. 더 미궁에 빠지는 경우도 있다. 잘해보려고 하는 게 오히려 과도해 보여 주변을 불편하게 만드는 경우들이다. 승진 제도를 통해 개인에게는 동기를 부여하고 조직에는 활기와 성과를 촉진하자고 한 것이 오히려 반대의 결과가 나오면 당혹스러운 것이다. 그래서, 승진이라는 제도는 성과와 자질이 된 사람을 진급시키는 것인가? 아니면 잘해 보라는 의미의 승진인가? 라는 고민에 빠지게 되는 것이다.

가장 문제가 되는 것이 직급별, 직책별 리더십은 다르다는 것이다. 그런데 우리 기업들은 그런 리더십의 보완이나 전환을 개인의 노력으로 커버해 주길 바라는 경우가 많다. 새롭게 부여된 직책이나 직급 명칭에 어울리지 않는 모습이 어느 날 갑자기 눈에 들어오는 것이다. 이런 문제를 극복하기 위해서는 다음과 같은 모습이 필요하다.

첫째, 평소에 한 직급, 직책이 높은 자리의 관점에서 일이나 사물, 사람을 보고 행동하는 연습을 하여야 한다.

둘째, 사전에 혹은 부득이한 경우 사후에 시키더라도 반드시 승진자에게 일정기간 동안 훈련을 시켜야 한다.

셋째, 업무를 통하여 다지는 시간이 필요한 경우도 많다.

그리고 교육도 직급, 직책에 따라서 달라야 한다. 해당 직급별 리더십의 업무정의JOB DESCRIPTION가 있어야 한다. 그 정의에 맞춰서 치밀한 교육훈련 설계가 되어야 한다. 외부에 교육을 위탁하는 경우에도 이런 부분까지 문제의식을 가지고 꼼꼼하게 챙기는 교육기획자를 만나야 하는 것이다.

또한 교육단위별 인원이 구성되어야 하고 그만한 의지가 있어야 한다. 그러자면 승진자의 직급별 최소 규모가 되어야 한다는 문제가 있다. 안타까운 것은 그나마 승진자 교육을 여러 직급을 묶어서 시키는 경우를 많이 본다. 오히려 망치는 결과를 초래할 수 있다.

경영의 2S2P

마지막으로 직급, 직책에 맞춰서 공부하고 훈련하며 다져 나가야 할 덕목이 있어 소개한다. 기업경영 100년을 반추하며 핵심이 되는 4가지 키워드를 추출한 것이라고 한다. 기업의 발전 단계에 따라 과정·공정 PROCESS, 시스템SYSTEM, 전략STRATEGY 그리고 사람PEOPLE이다.

'신입사원 때는 과정PROCESS에 관심을 가지고, 중간관리자(부·과장급)가 되면 경영MANAGING과 시스템SYSTEM에 관심을 가지고, 임원이 되면 전략STRATEGY에 관심을 가져야 한다. 아울러 모든 직급에 공통으로 해당되는 것은 사람PEOPLE, 즉 인문에 대한 관심을 가져야 한다는 것이다.

"왜 승진이 안 됩니까? FUN이 없어서": 극심한 경쟁의 끝은 유머와 위트

사단법인이라는 낯선 조직의 실무를 담당하며 매년 대학을 졸업한 청년 200여 명을 선발, 교육시켜 동남아에서 사업가의 기반을 만들어 주는 일을 하며 새로운 의문이 든다.

'스트레스에 제법 맷집을 가졌다고 하는 내가 이렇게 힘들면 다른 사람들은 어떨까? 내 자녀들은? 내가 가르치는 청년들은? 그리고 직장인들은 어떨까? 임원들은? 직원들은?' 의문이 꼬리에 꼬리를 문다.

거기다가 가만히 지켜보니 요즘 직장인들의 스트레스가 하늘을 찌르는 것 같다. 극심한 경쟁에다 팬데믹pandemic으로 인한 시장 위축은 사업과 직장에 큰 영향을 주고 있어, 멋지고 화려한 미래는 커녕 존립 자체도 걱정이 될 지경이다.

특히, Global 환경 변화는 더 큰 혼란을 주고 있다. 미국과 중국의 분쟁은 물론이고 일본과 우리 한국과의 충돌도 연일 언론에 오르내리고 있다. 그러나 한편에선 예능계의 BTS 방탄소년단과 같은 보배들의 출현이 이어지고 축구, 야구, 골프 등 스포츠계 등에서도 한국인들이 발군의 실력을 보이며 불안한 직장인들의 부러움을 사기도 한다.

뿐만 아니라 워라밸, 욜로를 외치며 여유를 찾고자 하는 노력도 어느새 또 다른 스트레스가 되고 있다.

앞으로 우리 직장에서는 어떤 사람이 환영받을까? 급격하게 변하며 새로운 스트레스에 노출되는 한국사회에서 생존하고 발전하기 위해서는 또 다른 준비를 필요로 한다.

후배들에게 '같이 일하고 싶은 사람'을 물으면

그 해답을 조금 다른 곳에서 찾아본다.

세계에서 가장 경쟁이 치열한 개방적인 사회는 미국이 아닐까 생각해 본다. 그 치열한 미국을 찾아가 새로운 꿈에 도전했던 분의 이야기이다. 우연히 강의장에서 만났고 이후에 영향을 많이 받았다.

한국 여성으로서 어린 나이에 미국으로 건너가 섬유제조업체에서 활약한 '박진수' 씨 이야기이다. 미국인과 결혼해서 '진수테리'라고도 부른다. 아메리칸 드림을 꿈꾸며 산전수전 다 겪으며 열심히 노력하여 큰 공을 세웠는데도 승진이 안 되었다고 한다. 인종차별인지 무능력해서인지 항의를 하였더니 예상치도 못했던 답을 들었다고 한다.

"열심히 일하고, 성실하고, 머리도 좋고, 학위도 많은데 한 가지 부족한 게 있다. Fun하지가 않다"는 답이었다. 그러니 '같이 일하고 싶어 하는 사람이 없다'며 승진에서 제외했다는 것이다. 재미가 없다는 이유로 부하직원들이 피하는 상사가 되어버렸다.

지금 다가오는 있는 한국사회도 경쟁의 치열한 세상이 되어 이런 현상이 똑같이 오리라고 생각한다. 치열한 경쟁의 끝에서 '재미, FUN, 유머와 위트'를 찾는 것이다.

극한 경쟁과 더욱 심해질 가능성

현대의 직장인들을 짓누르는 요인으로 크게 세 가지를 정리하고 싶다. 하나는 개인 차원의 능력 한계이고 또 하나는 그 부족한 것을 메우는 인간관계 능력의 한계이며 마지막은 시장의 빠른 변화와 경쟁자 때문이다.

첫째, 개인능력의 한계는 인터넷의 눈부신 발달로 인해 기술의 변화가 말하지 못할 정도로 빨라지고 보편화되었기 때문에 발생한다. 내가 일하고 있는 분야의 지식량의 확장도 눈부시다. 따라잡기가 보통 곤혹스럽지가 않다.

둘째, 인간관계능력의 한계이다. 좋은 인간관계는 분담된 역할의 결합 차원에서든 나의 부족을 채우는 차원에서든 필수적인 과제이다. 그런데, 인터넷이라는 괴물이 혼자서도 잘할 수 있을 것 같은 착각을 일으키게 하고 있다. 그런 전자 장비가 내 손에 붙어 다닌다. 답을 찾으면 다 있을 것 같이 착각한다. 그런데 정작 혼자서 해 가지고는 가치 없는 결과만 나올 뿐이다.

셋째는, 환경요소가 되는 시장의 확대와 경쟁 강도의 치열함의 증폭이다. 우리 경제력, 국력의 상승도 한몫한다. 최근에 중국, 일본이 우리나라를 견제하는 것을 보면 그런 생각이 드는 것이다. 적어도 이 부분은 요즘의 직장인들이 기성세대보다 훨씬 더 심각한 상황에 노출되어 있다. 더 많은 노력과 준비가 필요하다.

유머와 재미, FUN이 가진 매력

유머와 재미는 마음을 녹이고 감성을 자극하는 기능을 한다. 문제해결 능력이 좋아지는 결정적인 역할도 한다. 주변사람을 내 편으로 만들고 경쟁자까지도 협력하게 만드는 것이 유머와 재미이다. 이런 현상이 더욱 가속화될 것이 뻔하다. 앞으로는 직원들의 핵심역량 정의, 개인의 자기계발 항목에 '재미, 유머, 위트의 생산과 활용'이 반드시 등장해야 할 것이다.

그러자면 남다른 준비와 관찰력이 필요하다. 필자가 강의를 직업으로 하겠다고 마음먹고 공부를 집중할 때 들었던 유머전문가의 한결같은 말이 '유머의 소재는 가까운 주변에서 찾아라. 그래야 재미있다'는 것이었다.

회한한 아이러니

앞에서 소개한 진수테리 씨는 그 일로 충격에 빠져 있다가 나이 40대 후반에 미국에서 FUN강사에 도전했다고 한다. 그리고 피나는 노력으로 색다른 꿈을 이루었다. 세계적인 'FUN 강사, 전도사'가 되었다고 한다. 성과의 목록은 인터넷에서 검색해 보기 바란다. '진수테리'라는 검색어로….

그 만남 이후 나도 '편하고 웃음 많은 사람'이 되겠다고 다짐하며 쉬지 않고 공부한다. 그리고 직원들에게, 후배들에게, 가족에게 그리고 강단에서 적용하고 실천해 본다. 그러다 보니 희한한 아이러니가 생긴다. 재미를 찾으며 또 다른 스트레스가 쌓여간다.

3장

인사과장 이후,
도전하며 겪은 이야기: ———

퇴직자의
3모작 경작을 위하여

여섯,

전직·재취업:
사람 보는 눈은 비슷한가?

말귀와 눈치, 그리고 후래삼배(後來三杯):
공감 능력의 향상

EPISODE 1

7-8년 전의 일이다. 대학을 졸업하고 취업한 후 첫 출근한 딸내미에게서 한 수를 배웠다. 퇴근하고 집에 와서 하는 말이 "아빠, 회사 일의 반*은 '눈치'인 것 같더라!" 시간이 제법 지났지만 늘 기억에 남아 있다. 내 딸이지만 참 지혜롭다는 생각이 들었다. 상사나 동료들의 몸짓이나 눈빛만 잘 읽어도 일의 절반이 해결되더라는 것이었다.

EPISODE 2

이틀 전 일이다. 어느 대학교에서 취업경쟁력 커뮤니케이션을 주제로 한 학기 강의를 마치는 시간이었다. 뒷줄에 앉은 몇 명이 스마트폰으로 제각기 뭔가를 하고 있었다. '한눈파는 것이 안 좋은 이유와 행동이 따르는 커뮤니케이션의 중요성'을 강의 내내 강조해 왔던 수업이었다. '수업 시작하니 핸드폰 내려놓으세요'라고 수차례 말해도 아랑곳하지 않았다. 급기야 뒷자리로 찾아가 당사자에게 빨리 내려놓으라고 하니 마지못해 내려놓는다. 벌써 필자의 목소리는 커져 있었고, 강의장 분위기도 싸늘해졌다. 정말 '눈치 없는 망둥이'들이다. 교수님께뿐만이 아니라 옆 학우들에게도….

EPISODE 3

내가 일하고 있는 대우세계경영연구회에서 '글로벌청년사업가양성 Global YBM과정' 베트남반 연수생 100명을 뽑는 면접을 진행했다. 200여 명의 대상자들의 행동이나 말귀를 알아듣는 능력을 스쳐 지나가듯 테스트를 했다. 면접장에 들어온 10명의 면접자들을 한 줄로 세운 다음에 앞에서 뒤로 번호를 외치라고 해 본다.

"하나, 둘, 셋…열."
"앞에 세 그룹의 책상이 있습니다. 잘 보세요. 지정해 주는 그룹의 책상에 가서 앉으세요."

손가락으로 일일이 가리키며 좌석 그룹을 지정해 준다. 그러면 꼭 한두 명은 우왕좌왕하며 엉뚱한 곳에 앉는다. 불과 10명인 좁은 공간에서…충격이다.

하나 더 있었던 일이다. 18개의 좌석을 원형으로 배치를 해 둔 상태에서 앞에서 언급한 10명에게 앉을 자리의 범위를 손짓하며 '여기서부터, 저기까지'를 구체적으로 보여주며 앉으라고 한다. 이것도 한두 명은 엉뚱한 자리에서 헤매고 있다. 충격 2이다.

눈치와 말귀 그리고 업무능력

인사업무를 40여 년, 오랜 세월 동안 했다고 하면 많이 물어보는 것이 있다. '사람을 보면 무엇을 보느냐?' 취업준비 중인 학생들도 '기억에 남는 면접자는 누구냐?'고 묻는 경우가 많다. 그러면, 어김없이 답하는 말은 '눈치가 있는 사람, 말귀를 잘 알아듣는 사람'이라고 대답한다. 그러면 어떻게 가려내느냐, 짐작할 수 있느냐의 질문으로 이어지기도 한다.

인사人事 업무를 할 때 사람의 우열優劣을 판단하기 위해 하나의 버릇이 생겼다. 인사부를 찾아와서 자기 상사를 비난하는 사람들이 있다. 상사가 부하를 비난하거나 무능하니 바꿔 달라고 하는 경우도 많다. 이런 이야기를 들어주고 판단하고 조치하는 것이 '인사과장'의 업무이기도 한 것이기에 나름대로의 기준이 필요했던 것이다.

하나는 말할 때 얼마나 주위를 잘 헤아리는가와 또 다른 하나는 몇 가지 질문이나 부탁을 하면 얼마나 잘 알아듣는가를 보는 것이다. 이 두 가지를 점검하면 상사와 부하 중에 누가 더 문제인지가 판단이 가능해진다.

일상생활에서도 필요한 인간관계의 척도

그리고, 일반적인 경우에는 첫 만남에서 상대와 관계의 원근遠近을 정하는 척도로 눈치능력과 말귀능력을 본다. 내 입장을 헤아리지 않으며 (눈치 없이) 뭔가 의미를 가지고 말을 하는데 자기 말만 하는(말귀가 어두운) 사람은 일단 멀리해 둔다.

'눈치'는 눈을 마주치는 것이 우선이다. '말귀'는 말의 모퉁이(귀)에 가봐야 한다. 그 상황에 들어가 봐야 한다는 것이다. 그런데, 눈치와 말귀는 한 통으로 움직이는 능력이다. 둘 다 맥락 속으로 들어가 봐야 한다. 같은 입장에 들어가든가 혹은 전후좌우에 서 봐야 눈치를 알 수 있고 말귀를 빨리 알아듣는다.

그러자면, 일정 공간이나 사람들 사이에 들어갈 때 오五감각에다 6번째 감각인 '지각知覺'을 곤두세워야 한다. '육감'을 극대화하기 위해 끊임없이 훈련과 노력을 해야 한다. 그런 의미에서 일상에서 제일 먼저 핸드폰에서 눈과 귀를 떼자.

시인 김영승의 시詩 '반성 16'이 생각난다.

술에 취하여
나는 수첩에다가 뭐라고 써 놓았다.
술이 깨니까
나는 그 글씨를 알아볼 수가 없었다.
세 병쯤 소주를 마시니까
다시는 술 마시지 말자
고 써 있는 그 글씨가 보였다.

참, 필자는 이 시인과 잘 모른다. 시詩가 너무 재미있고 의미가 있다. 후래삼배後來三杯라는 말 때문이다. 약속된 장소에 늦게 합류하면 먼저 3잔 마시고 나서 대화에 끼라는 것이다. 누구와 만날 때, 조직에 들어가는 면접에 들어가기 전에 이런 정도의 정성과 노력이 필요한 것 아닐까?

심미(審美)와 뒷모습: 나의 가치를 결정짓고 대접받는 기준

광복절을 하루 앞둔 8월 14일 이른 시간에 '글로벌청년사업가양성과정'의 국내과정 특강으로 대선배님을 용인연수원에 모셨다. 필자가 다녔던 직장의 자동차부문 회장님으로 존함만 들어도 웬만큼 알 만한 분이다. 70대 후반으로는 믿기지 않게 건강하시다. 한낮의 기온이 36-37도의 날씨에 정장을 입고 넥타이도 온전히 하셨다.

인사를 드리며, "회장님, 이 뜨거운 날에 정장을?" 하며 예를 갖춰 인사를 드렸다. 그러자 말씀하시길 "오늘 내가 할 강의로 심미審美: aesthetic, 아름다움을 찾는를 말하려고 하네. 그러려면 나부터 챙겨 입어야겠다는 생각으로 왔네."

순간 더 이상 드릴 말씀이 없어 "아~, 예!"라고만…. 심미라는 말에 천착穿鑿해 강의 주제를 잡으신 것과, 그 내용에 맞춰 실천하는 것이 놀랍다.

작년에 본것으로 기억되는 중국 지린길림吉林대 리샤오이요: 李堯 경제금융대학원장의 졸업식 연설문을 보며 든 생각이라고 소개해 주셨다. 한번 인용한다.

(중략) 세계 경제 지도를 펴보면 국가마다 비교 우위가 있다는 것을 알 수 있을 겁니다. 미국은 금융 서비스, 일본은 제조업 기술, 중국은 노동력, 유럽은 고대 귀족 문화에서 비롯된 심미를 수출합니다. 거의 모든 사치품들이 바로 이 유럽에서 비롯되었습니다. 심미는 역사가 쌓인 것으로 그 전제는 국가의 역사와 문화가 연속되어야 한다는 겁니다. 이 화제는 사실 매우 무겁습니다…. 개인에게 있어 심미는 일종의 인품이자 수양입니다.

(중략) 심미는 일종의 존엄입니다. 일종의 자아 존중이자 타인에 대한

존중입니다. 격식 있는 자리에서 예의 없고 멋대로 옷을 입은 사람이라면 스스로를 낮게 보고 타인도 존중하지 않는 겁니다.

글로벌 비즈니스맨의 핵심가치는?

다시 읽어도 대단한 통찰이라는 생각이 들었다. 중국 대학생들에게 던지는 메시지이지만 우리 또한 예외가 아니었다. 특히, 비즈니스를 하는 사람으로서 '상호 존중과 가치 창조'를 추구하기 위한 행동 가치로 삼아야겠다는 생각이 들었다. 그러면서, 지난 시기의 인사HR업무를 했던 13년이 머릿속을 지나간다. 종합상사라는 특수한 회사에서 '우리 회사의 문화는 무엇이고 어떻게 만들어야 하지?'라는 주제가 제일 어려웠다. 다르게 말하면, 글로벌 차원에서 적용되고 추구하여 할 비즈니스맨의 가치의 핵심은?

늦었지만 이제야 머리를 친다, '심미審美'이다. 예술에서만 필요할 것 같은 말이다. 그런데, 비즈니스영역에서 한 단계를 업그레이드하는 가치라고 생각한다. 거기에 더하여 '실행EXECUTE'이다.

말과 행동의 일치 노력

둘러보니 지난 한 달 반 동안 가르쳤던 금년 GYBM 베트남과정 연수생 100명의 모습이 보인다. 이달 말이면 베트남 하노이Hanoi로 떠난다.

주로 현지어와 영어, 그리고 문화 등을 1년 동안 집중 연수를 받고 현지의 한국기업에 취업하게 된다.

연수생 한 명 한 명씩 보니 밝고 씩씩하다. 잘 컸다는 느낌이 든다. 그런데 세상을 보고 주변을 헤아리는 것은 여전히 대학생 수준을 못 벗어난다. 제일 안 되는 것이 '배운 것에 대한 실행력'이다. 뭘 가르치면 대답은 잘한다. 지적해 주면 잘 따라온다. 그것으로 끝이다. 다음이 없다. 배워서 응용하는 것도 약하다. 대상자는 바뀌었지만 지난 8년간 그래 왔었다. 다른 대기업, 중견기업에 가서 신입사원들을 보아도 같다는 생각으로 늘 안타까웠다. 유일하게 위안으로 삼는 것은 "그래도 내가 지금 보고 있는 대학생, 취준생, 신입사원들보다는 우리 연수생들이 많이 좋다. 그리고 좋아졌다. 계속 노력하고 챙겨 나가자!"

'심미'에 맞추는 새로운 잔소리

그런 생각으로 강의장을 들어서니 눈에 들어오는 모습이 있다. '바람막이 잠바', '바잠'을 입고 있는 연수생 몇 명이다. 동기들 간 일체감을 위하여 티셔츠, 잠바에 로고logo를 새겨서 입는 것이다. 당연히 에어컨이 추워서 입었다고 짐작은 된다. 그러나 여기는 학교 강의장이 아니다. 그런 이유라면 개인복장 중에 찾아서 입으라며 잔소리를 늘어놓았다.

"스스로의 스타일을 만들어라. 옷매무새, 헤어스타일, 액세서리, 안경, 넥타이 등 어느 하나도 대충 하지 말라. 비즈니스맨으로서 멋을 만들어 가라. 상대가 첫눈에 반하고 거래하고 싶고 사업하고 싶다는 생각이 들게 만들어라. 연수기간 내내, 취업 이후에도 관심 가지고 만들어 가야 한다. 오늘 같은 유니폼은 꼭 필요한 상황 외에는 입지 말라. 나를 덩어리에 밀어 넣는 행동이다. 특히 지금의 바잠을 보니 목을 길게 만들어 감싸게 만들어진 것을 봤다. 가급적 목을 내어놓는 옷을 입으며 '뒷태, 뒷모습'도 만들어라."

듣고 있던 연수팀장도 한마디 거든다. "앞모습은 화장이나 치장이 가능하다. 그러나 뒷모습은 그렇질 않다. 사람을 알고 싶으면 뒷모습을 보라는 말도 있다."

사직(辭職)이라는 몸부림과 또 다른 길에 도전: 주기적으로 다가오는 회의감의 극복

사직서를 제출했다.

직장인으로서 성공과 실패를 가늠하기가 쉽지 않다. 기준도 애매하고 제각기 다른 가치관 때문일 것이다. 그래서 성공에 대한 정의는 백인백색百人百色이다. 더군다나 100세 시대를 맞는 현대인들에게는 더 난제가 되어버렸다. 즉, 오래 사는 것이 '축복일까, 저주일까.' 막연하지만 지금의 모습은 아닌 것 같아 변화의 몸부림을 치는 것이 대개의 직장인이나 운신의 폭이 크지는 않다.

경험을 이야기하고자 한다. 직장생활 23년, 개인활동 15년. 도합 38년에 6개의 직업을 넘나들며 '사람' 중심의 일을 하다 보니 깨달은 것들이 많다. 그리고 비교적 어린 나이에 나름대로 구축했던 작은 행동강령이 평생을 사는 기초가 되었다. 지금도 기업이나 학교의 강의장에서 혹은 내 딸내미들에게나 주변에 이 말을 하면 대체적으로 공감이 되는 듯해서 한번 정리를 해 본다.

군복무 3년을 마치고 대우에 입사하여 인사HR업무를 한 지 3년이 되는 시점에 급격한 회의가 찾아왔다. 종합상사에서의 인사부는 너무 무용지물無用之物이란 생각이었다. 주변에서 동조도 있었다. 그래서 영업부서로 옮기겠다고 하니 안 된다고 하여 결국 사직서辭職書를 제출했다. 직장에서 첫 번째 사직서 제출이었다. 이후 3년 주기로 사직서병이 재발되었다.

지금 업무에 대한 심각한 회의…

일반적으로 3개월, 3년이 되면 고비가 되며 나태함이나 회의가 들기 시작한다고 한다. 나도 예외가 아니었다. '인사업무 3년?', '영업이 핵심인 종합상사?', '인사HR업무만으로 세월이 지나면 나는?' 하는 생각으로 이어져 갔다.

돌이켜 보면 종합상사라는 곳이 제품으로 조직이 나눠지며 고객(판매처, 제조처)이 제각기 다른 회사로 특징이 뚜렷하였다. 그러니 표준화도 무의미하고 직원 전원이 영업의 시작이자 종결이 되는 독립성을 가지고 일하는 특성이니 인사부의 역할이나 성과를 말하기가 거의 불가능했다. 특히, 전 세계에 직원이 펼쳐져 있는 데다가 매년 직원의 1/4 수준은 Rotation이 되다 보니 인사부는 전형적인 '대서소代書所'의 수준의 단순 유지관리라도 잘하면 된다는 생각이 엄습해 왔던 것이다.

그래서 영업부서로 보직 이동을 시도하였다. 그러면 상사上司의 말이 "내년에 보내 줄께. 자네가 없으면 인사부 어떻게 하라고" 하는 꼬드김(감언이설)에 주저앉았다. 시간이 지나면 정작 당사자가 먼저 떠났다. 그러다보니 15년 동안 사직서 쓰고, 주저 않는 것을 3–4차례나 반복하게 되었다.

변화의 몸부림을 새롭게 풀어 낸 경험

이런 상황에서 새로운 방향을 잡으며 '인사업무HR분야에서 한국 최고가 되어 보자'는 생각을 하게 되었다. 국어교육과였던 전공과는 무관하게 우연히 군대에서 인사장교의 보직으로 이어진 인사HR업무에 나만의 차별화된 입지를 만들어 나가자는 생각을 한 것이다. 그래서 시작한 실천사항은 다음과 같다.

■ 매일 1회씩 현업부서의 사무실에 커피를 마시러 가자(현장감)

현업부서에 직접 가서 팀장이나 과장급들과 가지는 커피타임은 사람과 부서의 업무 이해에 큰 힘이 되었다. 평소에 보고 듣지 못한 많은 이야기를 들을 수 있었다. 제품이 없는 종합상사는 궁극적으로 사람이 자산이자 본질이었다. 공식적으로 들려오는 직원에 대한 이해의 폭이 넓어지고. 직원 사이의 친소^{親疏}관계도 알게 되었다. 이후 사람과 관련한 평가, 인사이동, 조직개편 등을 할 때 납득성을 높이는 큰 계기가 되었다.

■ 매월 1회씩 인사업무 관련 공부하러 가자(전문성)

인사업무에 대한 이론적 배경이나 논리가 부족했다. 그래서, 사무실로 배달되는 외부 전문기관의 교육 강좌 안내문에 눈을 돌렸다. 우편물로, 팩스로 접수되는 인사 관련 교육 강좌를 찾아 매월 하나씩 수강을 하러 갔다. 적게는 2시간, 많게는 하루 과정을 회사 돈으로 다닌 것이다. 전문 지식의 살이 붙어 나갔고 우리 회사에 접목할 것도 찾아보곤 하였다.

그 과정에서 또 다른 매직MAGIC도 일어났다. 강의를 부탁받았다. 정확하게는 '대우사례 소개'였다. 우리가 하는 것들이 다른 회사에서는 궁금하고 탐이 났던 모양이었다. 덕분에 용돈도 챙기는 쏠쏠한 재미도 있었다.

■ 매월 1회씩 회사 외부 네트워크 모임에 참여하자(업계의 동향 정보 등)

마침 때맞춰서 다양한 회사들의 인사·홍보업무 담당자 커뮤니티를 만들었다며 나보고 가입하라고 했다. 월 1회 모임에 회비는 만 원. 회원은 100여 명으로 매월 2-30명이 모여 자기 회사의 업무이야기, 사회적 이슈 등을 주고받았다. 30여 년이 지났으나 지금도 20여 명은 매월 만나며 우정을 이어가고 있다. 첫 직장인 대우를 떠나 회사를 옮길 때 이 모임이 연결고리가 되기도 하였다.

그런 노력들로 지루함과 무기력함을 이기고 나니 제법 여러 가지 성과도 나오기 시작했다. 그래서 이제는 '다른 데로 옮겨 봐야 손해다'라는 생각이 자리를 잡았다. 그렇게 15년을 달리는 중에 한국의 IMF 외환위기를 맞고 '대우그룹'은 해체되었다. 또 다른 사직辭職의 유혹에 이끌려 회사를 떠나게 되었다.

판단력의 3요소: 현장감, 전문성, 정보력

굳이 장황하게 써 보았다. 요즘 직장인들에게 활력을 줄 수 있는 무엇인가를 말하고 싶었다. 그 단서端緒로 이 세 가지를 든다. 스스로 정해서 행동했던 행동지침이었다. 이후의 직장이나 조직생활에서 지금도 어김없이 적용하고 있다. 기업이나 대학생 대상의 '리더십, 결정, 변화'등을 강의할 때도 이 3요소를 기준으로 진행한다.

인생에서 가장 중요한 것(단어)이 있다면? "결정, 선택, 판단"
좋은 '판단'을 뒷받침하는 것이 있다면? "현장감, 전문성, 정보력"

무슨 일을 하더라도 별 거리낌 없이, 자신감 있게 맞닥뜨리는 큰 힘이 되었다.

직원 채용 면접관으로 2살배기를…:
자기 관리와 환영받는 묘책(妙策)

기발한 면접진행 발상

글로벌 수준의 기업으로 말만 들어도 익히 알 만한 국내의 어느 대기업 연구개발R&D담당 부회장께서 한 말이다.

"내가 직접 경력사원을 뽑을 때는 면접관으로 2살배기 갓난아기를 모시고 싶다. 대상자들에게 애기를 가슴에 안겨서 생긋생긋 웃으면 '합격', 울거나 인상쓰면 '불합격'으로 처리하고 싶다."

기발하고 통찰력이 있다는 생각이 들었다. 어린 아기가 면접대상자의 표정, 눈빛, 목소리, 냄새, 체온, 미세한 감정 등을 감각적으로 순식간에 종합하여 웃음과 울음으로 판정할 것이다.

한국의 대기업들은 일반적으로 신입사원은 인사부에서 '공채'라는 이름으로 선발, 교육시켜 일방적으로 배정을 해 준다. 채용시즌이 되면 각 현업부서에서 필요한 인원수, 자질, 담당 예정 업무 등을 접수하여 채용하는 것이다. 부서의 선발요구를 맞추지 못해 불편한 경우도 자주 나오는 편이다.

그런데, 10년 이상의 경력사원은 구체적인 전문 분야가 있어 현업 부서에서 직접 사람을 찾아 진행하는 경우가 많다. 경력사원 특별 채용을 위해 30대 후반에서 40대 후반까지의 지원자를 만나다 보면 제각기 일의 전문성은 상당 수준에 이른 경우가 대부분이다. '자기관리自己管理'와 사람들에 대한 '매력도魅力度'의 측정이 필요한 것이다. 그때 이 2살배기의 역할만으로도 충분하리라 예상이 된다.

특히 경쟁이 치열한 글로벌 상황에서는 의외로 생각지도 못한 변수들이 많다. 외국인들과 직접 만나며 협상과 거래, 때로는 협업이 필요해서 일정기간 같이 생활하는 경우도 많아진다. 최근에 필자의 주변에는 정년퇴직 이후에도 국가간 인적자원 지원프로그램 등으로 해외 진출하는 분들을 많이 보게 된다.

사회나 개인의 발전은 그만큼 민감해진다는 것

사람이 상대를 인지하는 감각은 시각視覺, 청각聽覺, 체감각體感覺:후각, 미각,촉각으로 나눌 수 있다. 본인도 상대방의 그런 감각에 의해 인지된다는 것이다. 특별한 경우는 상대를 평가하는 데도 이 감각이 영향을 미친다. 가진 실력, 지식은 그 다음의 문제이다. 그런데 세 감각 중에 어느 하나가 발달되면 다른 감각은 상대적으로 약해진다는 것이 이를 연구한 사람들의 이론이다.

그런데, 나이가 들면 유난히 후각嗅覺에 대한 준비가 중요해진다. 비교적 가까운 거리에 접근을 해야 알게 되는 요소로 비호감非好感을 주게 되면 치명적 상황으로 연결이 된다. 시각, 청각은 먼 거리에서 알게 되기에 피하면 그만이다. 그런데, 시각, 청각의 호감을 가지고 가까이 갔는데 낭패스러운 냄새를 맡게 되면 어찌하겠는가?

　직업의 특성상 어린 대학생부터 연세 지긋하신 분들까지 다양한 연령
층을 만나는 편이다. 확실히 젊은 대학생을 만나고 함께하는 시간은 향기
롭다. 조금 과장하면 '뭘 먹어도 향기가 난다'는 것을 실감한다. 그런데 나
이가 들면 반대로 '향기로운 걸 먹어도 고약한 냄새가 난다'는 것을 확연
하게 느낀다. 몸의 청결, 복장의 청결, 건강으로 인한 구취口臭, 먹은 음식
등이 크게 영향을 준다. 나도 요즘 들어 유난히 느끼며 조심스럽다.

　다행히 요즘 청년들은 이런 측면에서는 잘 챙기는 같다. 여행이나 연
수를 가며 휴대하는 코스메틱 세트를 보면 우리 세대하고는 너무 다르
다. 그런데 '담배 흡연'이라는 안타까운 현상이 있다. 과거에는 평생의 흡
연으로 인한 냄새가 몸에서 배어나올 나이인 50-60대면 죽음에 이르니
그게 그거였다. 그러나 이젠 다르다. 80-100세 시대이다. 젊은 날에 섭
취한 냄새가 노년에 이어진다. 정부나 사회 차원에서 다양한 금연 캠페
인을 하지만 흡연하는 점은 남녀 모두 꾸준히 늘어난다고 하니 안타까움
만 더한다.

내가 살아가는 방식 - 아침 단장의 고도화(?)

　경력사원 재취업이 아니더라도 내 인간관계 친밀함의 기준은 누가 되
어야 할까? 와이프? 친구들? 내 자녀들? 아니면 미래의 손주들? 이래저래
난감한 세상이 되지 않도록 하는 것이 중요할 것 같다. 그런 의미에서 아

침 단장이 길어진다.

어릴 때는 얼굴 스킨, 로션만으로도 감지덕지였다. 이젠 머리에도 뭘 바른다. 머리카락 뿌리와 머릿결에 힘을 주기 위해서도 뭔가를 바르고 뿌린다. 겨울에는 발뒤꿈치에도 바른다. 여름이나 땀 흘린 날에 강의를 들어갈 때면 향수를 뿌리기도 한다.

오늘도 출장길에 공항 면세점에서 '남성 향수'를 쇼핑한다. 반드시 같이 간 동료나 후배들에게 물어본다. 내가 좋아하는 향수가 아니라 주변 사람들이 무난하다고 해야 구입을 한다.

'사람을 판다. 마케팅하라': 인사 업무를 마케팅관점, 고객관점으로 본다

"팔리는 사람이 되자. 그러자면 나에 대해 무엇을 마케팅할 것인가?"

종합상사에서 인사업무를 한 지 10여 년이 지날 즈음에 다른 업무 전환이나 고위 직급으로 성장하는 데에 인사 전문성만으로는 한계가 있을 것이라는 생각에 무력감無力感이 들었다. 그 탈출구로 찾은 것이 야간 경영대학원 공부였다. 늘 늦은 퇴근 시간과 과중한 업무로 힘들었지만 일주일에 2일은 경영 지식을 공부하는 재미가 쏠쏠했다. 대학 때는 국어교육학을 전공했고 군에서 인사장교를 했던 호기로 10년간 기업 인사업무를 해왔던 터라 새로운 재미가 있었다.

세부 전공은 '인사조직'을 택했다. 10년 이상 해당 업무를 했다고 자동으로 선택을 한 것이다. 그러자니 금방 또 다른 무기력증이 들었다. 배운 것을 실용적으로 써먹을 것이 하나도 없었다는 생각 때문이었다. 대개가 미국을 포함한 선진국의 학문이고 안정된 사회구조를 기반으로 하는 기업에 대한 것이었다.

특히 다양한 제품에 대한 최고의 전문성을 가지고 선진국과 후진국을 넘나들며 바이어를 상대해야 하는 종합상사 직원들을 대상으로 하는 인사관리에는 도서히 의미가 없어 보여 또 다른 고민을 하게 되었다. 그러던 중에 기획부장으로 자리가 바뀔 때 IMF 외환위기로 회사는 위기에 빠지고 실무자로서 대우그룹의 최전선에 서면서 공부를 손에서 놓았다. 거기에다가 또 다른 몇 가지 경험들이 변신에 대한 욕구를 더 강하게 자극했다.

상황 #1

인사HR업무를 하면서 제일 듣기 싫은 말이 있었다.

"인사부는 대서방代書房이다."

대서방? 글씨를 대신 써주는 곳이란 뜻이다. 내 의지나 판단은 소용없고 시키는 사람의 말만 잘 따르면 된다. 글씨도 잘 쓰면 좋고. 회사의 오너나 CEO 혹은 경영진에서 결정된 것을 단순히 글씨로 쓰거나 타이핑하여 회사 전체에 알리기만 하면 되는 단순 심부름꾼이라는 뜻이다. 인사과, 인사부가 할 일이 무엇인가?

상황 #2

"연봉을 얼마로 주면 좋겠습니까? 신입사원으로 희망 연봉을 3,500만 원이라고 써 두었는데 계산 근거를 대 보지요?" 직원 채용면접에서 흔히들 물어보는 질문이다. 본인이 취했던 남다른 노력을 묻는 것도 있고, 매사를 숫자화하며 계산해 보는 감각을 점검하는 효과도 있다.

'돈을 상품으로 봐라'는 한마디

그러던 중에 90년대 이후에는 동구 등 공산권으로 글로벌 시장이 확장되고 거래 국가가 늘어나다 보니 '환율'에 대한 이해는 필수적이었다. 원-달러 환율, 원-엔화 환율, 원-위안화 환율, 달러-위안화 환율…. 집중율, 기준율, 살 때, 팔 때…이해가 쉽질 않았다. 환율이 오르면 수출이 유리할까? 수입이 유리할까?

그때 국제금융을 담당하는 임원 한 분께서 "외국 돈, 달러나 엔, 위안, 유로 등을 하나의 상품으로 봐라. 그 돈을 사고팔 때 내가 얼마를 지불해야 할지를 이해하면 쉬워질 것이다"라고 알려주었다. 확 깨는 느낌이 들었다. 바로 인사업무에 접목을 시켜보았다.

사람도 상품으로 보자. 마케팅해야 한다

덕분에 인사업무에 대한 나의 태도와 대학원 세부전공 선택에 대한 고민이 쉽게 정리가 되었다. '사람도 상품으로 보자!' 상품이라면 고객이 있다. 고객따라 가치가 달라질 것이다. 선발, 평가, 처우 기준도 달라질 것이다. 직장 생활이라고는 종합상사 한 군데에서만 근무했던 입장에서 당시 나름대로 획기적 발상이었다.

2000년 2월에 대우를 관두고 나와 중소기업으로 자리를 옮기며 대학원에 복학을 했다. 세부전공을 '마케팅'으로 바꾸었다. '마케팅 관점의 인사관리'를 하게 되면서부터 직원들 교육은 물론이고 거래처, 고객과의 관계도 남다른 발상이 가능해졌다. 이후 중소기업을 떠나 교육 사업을 하고 학교강단에서 취업과 리더십을 지도하고, 직장인들을 대상으로 하는 강의 준비도 제대로 돌아가기 시작했다.

나는 지금 얼마짜리 상품인가?

가장 높은 가격을 매겨 줄 업종과 업무는 어디인가? 마케팅 차원의 차별화는 되어 있는가?

상품성을 높이기 위한 노력은 하고 있는가?

트롯에 마술을, 강의에 게임을: 차별화의 길로 1등 추구

요즘 어느 종편에서 진행하는 '미스터 트롯'이라는 TV프로를 보는 재미가 쏠쏠하다. 남자들의 트롯 노래 오디션게임이다. 다양한 방식도 재미가 있지만 출신별로 그룹핑하여 현역부, 유소년부, 아이돌부, 아동부, 직장인부, 타장르부 등으로 경쟁시키는 것도 합리적이란 생각도 들고 재미도 있다.

그중에 한 도전자가 마술을 들고 나왔다. '트롯 경연장에 웬 마술?'이라는 생각이 들었다. 진행자가 왜 트롯에 마술을 하냐고 질문을 한다. 그랬더니만, "여러분들! 한국에서 마술 하면 누가 떠오르지요? 이현결, 최현우이지요. 이 두 명이 다 해먹고 있습니다. 제가 설 땅이 없습니다. 그러나, 트롯과 마술을 겸하는 사람은 저밖에 없습니다." 그리고, 실제 노래를 하는 내내 마술을 하며 재미를 더한다.

마술과 트롯의 결합! 차별화된 그 분야 1등의 길을 열었다. 물론 이후에 순수 트롯분야에서 1등을 할지는 미지수이다. 힘들 공산이 크다. 그러나, 적어도 이 출연자는 한국에서 복합분야 최고이며 재미가 남다르니 기회가 많을 것이다. 순수 트롯 가수보다 돈을 더 벌 수도 있을 것이다. 대한민국의 K-POP에 또 한 부류를 형성할 수도 있지 않겠는가? 매사 재주가 뛰어난 한국의 청년답게….

취업 교육 강사로

뜬금없이 트롯 오디션 게임을 들고 나왔다. 필자가 활동하는 영역에 관한 생각이 연결되는 고리 때문이다.

2005년에 특별한 프로젝트를 가지고 중소기업에서 퇴사했다. 잘하면 금방 될 것 같았다. 강남에 오피스텔 방 하나도 임대하며 활동을 시작했다. 그런데 그 프로젝트를 잘하려면 '내 스스로가 강의를 이해하고 잘해야 한다'는 생각이 들었다. 철학적인 측면이든 기법적인 측면이든 브랜드 차원이든….

그러던 중에 대학교의 취업과 진로지도 강좌가 생겨나기 시작했다. 겸임교수로도 직함을 달고 정규 교과목을 맡아 가르치기도 했다. 학교의 예산 배정도 계속 늘어나고 이곳저곳에서 나를 찾아주었다. 제법 재미가 있었다. 돈도 꽤 벌 수 있어서 집안의 경제 문제도 무난히 해 나갔다. 주변에서 보는 사람들, 특히 직장인들에게는 최고로 부러운 사람이 되었다. 프리랜서!

그러던 중에 문득 드는 생각이 있었다. 강단에서 하는 소극적인 강의로는 한계가 있어 보였다. 2시간, 4시간여의 강의는 전부 말재주가 좌우한다는 생각도 들었다. 중요한 것은 갈수록 젊고 유능한 강사를 찾는 경우가 많아졌다. 기업의 현역 인사과장을 찾고, 최근에 근무한 강사를 찾으며 나의 효용가치가 상대적으로 떨어져 가는 것을 피부로 느끼고 있던 터였다.

취업을 가르치는 강사, 교수로서 적임자는 사람을 선택할 때 고민해 본 사람, 선발의 과정에 종사해 본 사람, 거기에다가 강의력이 있으면 금상첨화라는 생각은 변함이 없다. 어릴수록 상대적으로 그 분야에 약할 수밖에 없을 것이라는 생각이었다.

여하튼 탈출구를 생각해 보았다. 길게 가고 더 강한 경쟁력? 이 분야의 1등이 되는 길?

차별화의 길

역시, 나이가 들어가니 대학에서 서서히 기피하는 느낌이 확연하게 들었다. 그래서, 대학가에 먹힐 만한 또 다른 과목과 기법은 없을까? 좀 더 이해가 쉽고 설득력을 높이는 방법은 없을까? 강의를 다른 방식으로 접근할 수 없을까? 게임을 결합하여 하면 안 될까? 짧은 시간에 많은 인원이 같이하며 효율을 높일 수는 없을까? 등의 고민을 하기 시작했다.

강의에 게임을 접목시켰다. 기존의 방법도 있지만 전문가다운 해석을 통해 기업과 사회를 더 잘 이해시키자는 생각이었다.

– 롤 플레이로 면접연습을 시키자. 직접 느끼도록….
– 팀으로 문제를 해결하게 하고 발표하며 다음 단계를 생각하게 하자.

그러던 중에 3년 전부터 해외취업의 이슈가 급격하게 등장을 했다. 다행히 과거 업무가 해외지향적인 것들이어서 도움이 되었다. 대우에서 GYBM양성사업과정의 강의 내용을 활용하기도 하며 그 폭을 넓혀 나갔다. 또 다른 차별화의 길이다.

생존과 발전의 필수요건, 차별화

요즘 필자와 비슷한 또래는 물론이고 50대, 40대 나이에도 회사를 뛰쳐나와 강단에 서겠다고 하는 사람이 많다. 실제 눈에 띄게 많이 활동을 한다. 진입이 쉽기 때문이다. 밑천도 들지 않기 때문이다. 그만큼 치열해진다.

하지만 현직시절에 최고의 전문가로 자리매김이 우선이다. 해당 분야에서 순수하게 1등을 하거나, 그 분야의 파생 분야나 세분화된 분야의 1등도 좋다. 타 분야와의 결합 차원에서 1등도 좋다. 그렇게 준비해도 나와 보면 쉽질 않아 '훅'하는 순간에 후배들에게 자리를 내어준다.

글을 쓰는 이 아침에 전화를 하나 받았다. 강의를 의뢰했던 회사의 담당자다.

"대표님! 저희 특강하기로 한 것, 조금 늦춰야겠습니다. 다시 전화드리겠습니다."

나이가 아닌 코로나 바이러스 때문이란다. 이래저래 힘들다.

"저 나이는 더 이상 뽑질 않는다고 합니다.": 재취업에 도전하는 경력사원

"형님! 저 같은 사람을 구하는 회사가 없습니다. 우선 나이가 안 맞고, 직무 분야가 안 맞습니다. 어디 일자리 없을까요?"

작년 이맘때에 사무실을 찾아온 후배가 있었다. 나이가 벌써 45세고 6개월 전에 희망퇴직을 했다는 것이다. 2–3개월 쉬고 나서 다시 일자리를 찾아다니는데 여의치 않았다고 하며 필자를 찾아온 것이다.

재취업을 알선하는 잡포털JOB PORTAL도 보고 헤드헌터한테 부탁을 하면 나이 45세는 현장에서 찾는 경우가 별로 없다는 것이다. 그래서, "무슨 근거로 그렇게 내 자리가 없다고 하느냐"로 했더니만 몇 개의 구인 공고문을 보여주는데 모두가 40대 초반을 찾고 있었다.

나는 약 20여 년 전에 일찍이 두 가지의 경험을 했다.

하나는 다니던 중소기업을 떠나 보려고 재취업에 도전했던 경험이다. 나이 40대 중반부에 3–4차례 대기업, 중견기업의 임원급으로 지원했다. 일단 서류는 무조건 합격했었고, 면접에서도 두 번 정도 합격은 하였다. 그러나, 근무조건이 너무 안 맞아 포기하기를 반복하다 보니 처음에 들어간 중소기업에서 5년을 다녔고 대기업, 중소기업 2차례의 직장생활을 마감했다.

또 다른 경험은 중소기업의 전문경영자로 5년여를 근무하면서 팀장급이나 임원급의 사람을 구하는 데에는 대외적으로 공고문을 내는 것 이상의 고려사항이 있다. 사람을 구하는 회사 입장에서 공고문에 드러내는 업무 경력 외에 관심을 가지고 찾아보는 희망 역량이 있다. 지원자의 서류를 받아 면접을 볼 때 남다른 관심을 가지고 본다.

하나만 알고 둘을 찾아보지 않는 도전자들…

특히 중견·중소기업의 경우는 대기업과 달리 업무가 세분화되어 있질 않다. 그래서 중견·중소기업들은 복합적인 역량을 갖춘 사람에 관심을 가지게 되는데 대기업 출신들은 자신이 일했던 회사의 세분화된 업무 경력만으로 재취업 가능성 여부를 판단하는 경향이 많다. 조금만 확장된 업무 능력을 물어보면 발을 빼는 것이 그 증거다. 모집 공고문 액면만으로 맞지 않다고 하며 포기하는 경우도 많았다.

예를 들어 본다. 회사에서 영업팀장을 뽑는다는 공고문을 냈다. B2C 영업 즉, 소비자영업을 주로 하는 회사에서 공석이 된 팀장을 뽑는 것이라고 치자. 그러면 B2B영업 경력자는 지원하면 무조건 불리할까? 흔한 경우는 아니지만 회사의 최고경영진은 새롭게 B2B영업을 시도하고 있기에 B2C를 기본으로 하지만 B2B경험이 있다면 당연히 관심을 가지는 경우도 많다. 즉, 그 반대의 경우도 관심을 가진다는 것이다. 심지어는 B2B영업 경력만으로 합격도 가능하다.

뿐만 아니라 B2B영업 경력이 많아 역량이 출중해 보이고 B2C 경험은 없는 사람이라도 마침 그 조직의 바로 밑에 있는 부하직원인 담당과장과 호흡을 맞추면 충분히 커버가 가능할 것 같다고 판단되면 한번 해보지 않겠냐는 제안을 한다. 전 직장의 경력을 보니 부하직원들을 잘 다루는 리더십이 있다고 추정이 되면 금상첨화錦上添花가 된다. 오히려 만나보니 전반적으로 기대에 미치질 못하고 B2C영업에 딱 맞다고 하더라도 근본적으로 마음에 들지 않으면 눈길을 돌리게 된다.

경력직 구인 공고문에 숨어있는 필요 역량을 찾아라

참고로, 채용공고문의 액면으로는 일부 내용밖에 알리지 못하는 경우가 많다. 영업비밀 차원일 수도 있고 공고문을 만든 인사담당 실무자가 사장의 마음을 이해하지 못한 경우도 있다. 그런데, 거기에 딱 맞는 경력이 없으면 아예 포기하고 관심 밖에 두는 경우가 대부분의 경력직 구직자의 태도이다. 이런 부분은 필자가 일했던 회사에서 임원급, 팀장급 면접 볼 때 늘 나타나는 고민이었다.

이런 관점은 나이에서도 적용이 된다. 공고문에 써두거나 문의 전화가 오면 45세라고 답은 하지만, 50세의 나이에도 일단 서류가 들어오면 경력에 더하여 리더십, 직무 강점을 우선 본다. 그런 다음에 나이를 보게 된다.

결론적으로, 재취업을 하고 싶어 구인구직 사이트를 이용하거나 헤드헌터를 통해 경력직 채용공고문을 접하게 되면 숨어 있는 요구 역량을 찾아보아야 한다. 지레 겁먹고 '나는 해당사항이 없다'고 발 빼지 말았으면 좋겠다. 주변을 통해 최대한 탐문해 보라. 그 조직에 숨어있는 고민과 적합한 사람이 오는 경우 선택을 받는다. 결정적인 효과를 보는 경우도 많다. 그리고, 회사 CEO의 스타일에 따라 차이가 많이 나겠지만 60-70% 만 맞아도 채용을 하는 것이 일반적이다. 나머지는 뽑아서 같이 일하며 호흡하면서 맞춰간다고 생각하기도 한다.

새로운 기회 준비를 위한 두 가지: 사소한 판단과 가족 대화

친구의 일상 대화법을 소개한다.

지난달에 정년으로 회사를 나온 친구가 이젠 마음 놓고 집에서 쉬고 있다. 가족에게 점심 식사하러 가자고 했다. "어디 가실래요?" "당신 알아서 가지." 식당에 자리를 잡으니 메뉴판을 펴면서 묻는다. "어느 것 드실래요?" "뭘 물어! 알아서 시키지."

평소에 하던 대로의 부부대화법이다. 늘 일에, 접대에 지쳐 집에 들어오니 웬만한 선택은 식구들이 하자는 대로 따라주었다. 그게 식구들을 위한 것이라 생각했다. 그러다 보니 은퇴하여 집에 있게 된 지금도 그 방식대로 하고 있다. 그러다가 자연스럽게 세상을 떠났던 것이 우리의 모습이다.

내가 태어난 1959년의 평균수명이 52.7세이다. 나이로만 보면 지금

60세에 이 세상을 떠날 줄 알고 태어났다. 그리고, 아버지, 어머니로부터 이런 방식의 대화 방식을 많이 보아왔다. 퇴직 이후 여생이 얼마 안 되니 그러려니 했던 방식이다.

얼마나 살지 모르는 삶

그러나, 이제는 내가 몇 살까지 살 수 있을지를 모르겠다. 막연하나마 80 혹은 100살까지 산다고 한다. 그러나 뭔가 일이 있어야 육체적으로 정신적으로 건강해질 것 같다. 그래서 가끔은 재취업을 꿈꾼다. 작은 가게 창업 생각도 해 본다. 봉사활동도 해 본다.

이런 것을 하려면 가장 중요한 것이 판단과 선택이다. 최소한의 합리적이고 경쟁력 있는 판단력이 있어야 한다. 옳고 그름에 대하여, 틀림과 다름에 대하여, 생활과 경영에 대한 끝없는 판단과 선택이 이어질 것이고 무난해야 한다. 그러나, 스스로 의사결정을 해 본 적이 있는지 기억이 가물가물하다. 직장이 공기업이다 보니 늘 규정과 지시, 사례가 먼저였다.

수시로 선택을 하며 '왜?'라는 단어, 그 이유를 말하는 습관을 만들자. 만들어야 한다. 그러면 상대방에 대한 이해도 넓어진다. 가끔은 내가 한 선택이 상대와 맞지 않으면 맞춰보는 기회도 생긴다. 자연스러운 대화의 기회도 생긴다.

최대의 위기, 가족과의 대화 단절과 판단의 회피

덤으로 생각해 본다. 정년 이후에는 외부에서 활동을 하든 집에서 활동을 최소화하든 가족의 지지가 최고의 과제이다. 실제적 지원과 정신적 자신감의 출발점이다.

하지만 정년 이후에 가족과의 대화 단절을 많이 호소한다. 말만 하면 피해 버리기도 한다. 평소에 하지 않았고, 가족 의견도 물어보지 않았고, 심지어는 내 스타일을 강요하는 경우가 대부분이었기 때문이다.

작은 '판단과 결정거리'의 대화를 통해 기본 중의 기본 두 가지를 챙기자. 사소할수록 좋다. 그나마 가장 자연스러운 기회이다.

이런 준비는 재직시절부터 필요하다. 그나마 왕성한 활동으로 집안에 '말빨'이 있을 때, 그리고 가족들이 아빠의 조언이 필요할 때 원활하다. 그러니까 늦게라도 해야 한다. 언제까지 살지 모르니까….

나는 45세에 직장을 떠나 프리랜서로 10년 정도 일하다가 다시 조직 생활을 하고 있다. 특히 프리랜서로 강의를 하다 보면 건강한 대화, 관계 등에 대한 강의를 자주 한다. 스스로 실행을 전제로 하다 보니 다행히 이런 방식이 습관화되었다. 와이프하고는 매일 1시간씩 산책을 곁들인 대화를 한다. 딸내미들하고도 주기적인 시간을 가진다. 그리고 애들이 가진 꿈과 자신의 애로점을 서로 이야기하기도 한다. 소중한 습관이 되었다.

안정적인 삶의 방식, 젊은 날부터 연습해야…

앞으로는 이런 대화를 나누자.

"뭐 드실래요?"
"오늘은 중국식을 먹고 싶네. 이런 추운 날씨에는 짬뽕이 최고지!"

아직 취업을 못 한 아들에게도 묻는다.

"뭐 먹을래?"
"아무거나 시켜주세요."

한마디 거들어 보자. "네가 한번 정해봐라. 가급적이면 그걸 좋아하는
이유도."

취업, 재취업, 창업, 재능기부, 봉사활동 등 모두가 멋진 판단을 구한
다. 갑자기 하려면 첫걸음에서 절벽을 느낀다. 젊은 날부터, 직장에서는
후배들과, 집에서는 가족들과 틈나는 대로 참여하며 연습해야 한다.

'숙명처럼 다가온 창업!
생활 속에서 연습하자'

대학 강단이나 창업 교육, 혹은 인생 재설계 강의장에서 가르치며 외치는 말이 있다. "생활 속에서 연습하자, 생활 속에서 훈련하자." 그리고 같이 외치고 반복하며 뇌에 새기도록 강요 아닌 강요(?)를 하고 있다. 구체적으로는 "짜장면 먹으며 연습하자!", "당구 치면서 훈련하자!"

짜장면 먹으면서 무엇을 연습할 것인가?

'자리에 앉고 보니 손님이 많다? 왜 많을까? 그저께 간 저 가게는 손님이 없어 파리를 날리던데? 짜장면이 맛있어서? 값이 싸서? 반찬을 잘 주어서? 종업원이 친절해서? 사장님이 좋아 보여서?'

당구장에서는 무엇을 훈련할 것인가?

'왜 당구장은 대개가 3층에 있을까? 이 가게는 주인 소유일까? 세(貰) 얻어 장사할까? 가겟세는 얼마일까? 공간이 쾌저하게 느껴지는데 그 이유는 뭘까? 자리배치? 공기청정기? 손님 구성? 이 가게의 최적 조건에서 하루 종일 full로 돌리면 매출액은? 이 가게 매출원가는? 이 가게는 몇 년 되었을까? 본전 회수했을까? 지금 넘긴다면 얼마나 받을까?'

늘 하던 일이 아니면 뇌가 거부한다. 좀 더 나가 본다.

점심 먹으러 같이 간 식당에서 동료들과 '내기'를 한다. 답과 제일 먼 사람이 돈 내기! 문제는 다음과 같다.

"이 집 하루 평균 매출이 얼마일까?"

모두 1분 내에 답하기다. 정답은 주인에게 여쭤 본 결과로 한다. 그러고는 눈을 돌려 본다. 한 테이블에 3명 평균, 20,000원 정도 식단, 테이블 8개, 점심시간 2.5회전…. 이런 훈련을 하며 밥을 먹자고 하면 모두 고개를 흔든다. "밥 먹는데 피곤하게 왜 그러냐?"

이런 생활 속 훈련, 연습을 꾸준히 하고 나면 확실히 나아지는 모습을 본다. 그러나 귀찮아서 하기 싫어하는 것이다.

장수가 축복일까? 저주일까?

기술창업을 하든, 소점포창업을 하든 '창업'이 필수인 시대가 되었다. 정년 60세, 평균수명 100세 시대이기 때문이다. 실제 직장을 떠나는 나이는 더 아래로 내려가고, 수중에 돈과 일이 필요한 나이는 올라가고 있다. 실제적으로 활동이 가능한 나이는 더 올라간다. 건강과 체력이 따라주기 때문이다. 그런데, 활동 가능 나이가 올라간 것이 축복일까? 저주일까?
전적으로 젊은 날의 준비에 달렸다. 본인의 책임이다. 사회나 국가가, 유명인이 뭐라고 위로를 하고 지원을 해 주더라도 현혹되지 말아야 한다.

창업에서 느끼는 한계와 노년의 실패

그러나, 직장인의 대부분, 심지어는 창업을 가르치고 장려하는 대학조차도 '창업'을 너무 쉽게 생각하는 것 같아 안타깝다. 기다리고 돈만 있으면 잘 돌아가는 가게 하나가 떡하니 내 앞에 와 있을 것 같은 착각도 한다.

요즘 세상이 워낙 다사다난하니 학생이든 직장인이든 뭔가 분주해 시간이 없다. 반면 창업에 있어 준비해야 할 요소가 너무 많아진다. 위에서 언급한 것 외에도 사업아이디어, 자금, 인원, 수익성 등에서부터 심지어는 표정, 인사, 서비스 등과 창업 위치(가게 위치) 등 이루 헤아릴 수 없다. 그러니 하루아침에 되질 않는다. 지식이 많다고, 회계 지식으로 수익성 잘 따진다고 되지 않는다.

창업은 너무나 복잡한 종합예술이다. 인생의 총체가 녹아 있는 것이 창업이라는 길고 긴 터널이다. 가다가 실패하면 나를 포함한 가족 전체가 길에 나앉는다. 잘못된 의사결정 하나에 전 가족이 해외로 야반도주하기도 한다. 그냥 글로만 그 참담함을 표현할 수가 없다. 그 정도로 긴 장감을 가지고 준비, 준비, 또 준비하여야 한다는 것이다.

젊은 날에 경험한 소점포 창업 설계의 경험

나는 10년 전에 '무냐무냐'라는 BRAND인 아동 내의 의류사업의 전문경영인으로 일하며 프랜차이즈형 전문점 체제를 만들어 보급하였다. 차제에 술집, 치킨, 화장품 등의 다양한 업종의 인맥을 찾아 연구를 병행하였다. 하다 보니 준비해야 할 영역과 내용은 물론이고 치밀해야 한다는 것은 새삼스러웠다.

여러 업종 담당자의 조언도 물론이고 우리 사업에 참여한 점포주를 보며 내린 결론이다. '대기업 출신, 공무원 출신, 교사, 군인 출신은 절대 사업권 주지 말아라. 너무 쉽게 망한다. 망하고도 본인이 뭘 잘못하는지도 잘 모른다'

이런 상황을 극복하는 대안으로 생활 속에서 연습하고 훈련하자는 것이다. 딱딱하고 재미없을 것 같은 상황이면 작은 '내기'도 걸어 보는 것이다. 짧은 시간에 헤아려 보고 계산해서 선택하고 결정하는 능력은 창업 과정과 이후 경영과정에 대단히 중요한 능력이 된다. 경영이라는 것이 판단과 선택, 결정의 연속이기 때문이다.

어릴 적에 호구지책으로 여러 가지 '장사'를 다 해 본 경험이 있다. 대학 졸업 후에는 중학교 교사, 군대 장교 근무로 직업 군인의 길을 고민하고, 대우그룹에서 인사업무, 기획업무 그리고 중소기업 경영도 해보고 창업 희망자도 모아 보았다. 지금은 교육사업체를 창업해 다양한 강의와 교육을 하고 있으며, 매년 청년 200여 명을 뽑아 동남아 지역에 보내 취업시켜 구체적인 일을 통해 사업을 배우고 10년 후에는 창업으로 이어지도록 키우는 프로젝트형 교육도 하고 있다. 그리고 해외 창업 희망자를 모아서 교육도 시켜 보았다. 그런데 창업이 숙명인 시대에 정작 당사자들은 너무 안일하다는 생각을 떨칠 수가 없다.

덕분에 숨 가쁘게 돌아간 세월과 인생에서 나름대로의 확고한 원칙을 얻었다.

"생활 속에서 사업을 보는 안목을 키워라. 생활 속에서 즐겁게 신나게!"

일곱,

정년·장수:
축복인가? 저주인가?

'나가사(나–가족–회사)일체'입니다.
두사부일체가 아니라…

얼마전 친척 어르신을 뵈러 간 노인정에서 문틈으로 엿들었던 대화의
한디이다.

"재수 없으면 80까지 산다."

뭔가 망치를 두드려 맞은 느낌이었다. 장수가 축복이 아닌 저주일 수
도 있다는 사실을…. 50–60세면 세상을 떠나던 시절에는 내 자녀들이 35
세 전후이니 최소한의 직장과 최소한의 결혼생활을 하는 모습과 어린 손
주들을 보다가 죽음을 맞이하니 그나마 크게 문제가 없었다. 지금은 80

세까지 살면 내 아들딸이 55세 전후, 손주들이 25세 전후…. 이 삼대三代가 모두 해피하거나 무난해야 노후 삶이 안녕해지는 것이다.

그런데, 그 '재수'의 발단은 누구에게 있을까? 바로 '나'에게서 출발한다. 물론 '나' 되는 것도 부모님으로부터 물려받은 것이 많다. 특히, 삶에 대한 태도와 노력하는 모습, 그리고 심지어는 기질이나 건강까지도 물려받았다. '보고 배우며 닮아온' 것이니.

요즘의 사회적 시스템으로는 성장하는 과정에서 누구를 닮을까? 농경시대같이 대가족이 사는 것도 아니고 맞벌이를 하니까 부모님 보기도 어렵다. 학교 가기까지는 부모님이고 그 이후는 학교 교사가 주를 이루고 그 빈틈은 친구들과의 관계에서 메꿔진다.

지금 성인이 된 나의 삶은 누구를 닮을까?

내 삶을 스스로 돌이켜보며 성장을 도모하고 부하직원을 이끌며, 주변과 관계를 맺어가는 방법인 Leadership을 배우고 직접 실행해 보는 기회는 단연코 지금의 '직장職場'에서 가장 많이 이루어진다. 특히, 기업에서 일하는 분들로부터 압도적으로 많이 연결된다. 거기서 배우고 좋은 것은 그대로 가족, 내 사녀, 내 가족과의 관계로 연결되어진다. 이렇게 좋은 기회가 어디에 있는가?

그런데 많은 직장인들은 이 기회를 "회사가 나를 많이 부려 먹으려고 귀찮은 것을 하라고 한다"고 해석을 한다. 물론 그런 측면에서 회사의 일이 시작된다. 그러나 나의 노후와 가족의 미래와 회사의 발전에 두루두루 쓰이는 인간관계를 만들고 서로 돕는 구조가 만들어지니 '나가사'가 일체가 되는 것이다. One Source, Multi Use인 셈이다.

15년 전에 직장을 떠나고 사업이라고 시작하고 나니 정말 공부할 기회가 없어졌다. 작은 강의 하나 듣고 싶어도 돈이 든다. 오가는 시간도 든다. 강의를 찾는 데 노력도 든다. 직장생활 때 기회 주고 시간 주면 좋은 리더십 발휘를 위해 이론과 기법 잘 배우기를 간곡히 부탁한다. 상대에 대한 이해 방법을 배우고, 실천, 실행하는 법을 연습하면 좋겠다.

몸으로 실천하는 것이 최고의 리더십이다

나도 젊은 날의 거칠었던 모습을 회사 다니며 다듬고, 강의하면서 배우고, 나이 들면서 주변을 보고 고치며 살아가고 있다. 거의 매일 새벽 2시까지 공부하고 강의 준비하며 책상의 불을 밝힌다. 덕분에 환갑을 앞둔 이 나이에 의미 있는 삶으로 활발하게 지내고 있다.

더 중요한 것은 잘 커 준 두 딸이다. 제 몫을 하며 신체적으로나 정신적으로 건강하게 살면서 자기의 직업에서 최선을 다한다. 별로 잔소리한 적도 없었는 데 대견하다. 나와 엄마를 보고 배웠다고 한다. 정확하게는 그대로 흉내를 내는 것이다.

후한서後漢書에 나오는 한 구절을 소개한다.

'이신교자종以身教者從하고, 이언교자송以言教者訟하더라'

몸으로 가르치는 자는 따르고, 말로 가르치는 자는 시비 걸고, 소송 걸 더라

몸으로 가르치기 전에 부지런히 배우고 실천해야 한다. 그 실천의 연 습장소인 지금 다니는 회사에 '답'이 있다. 친구관계, 자녀관계, 부하동료 관계 모두에 해당된다.

나가사일체이다.

'고·미·사의 법칙'과 최고가 되는 길: 혼돈의 시대, 최대·최고의 이슈 의사결정

"스스로 판단, 선택의 연습을 하고 계신지요? 임원이지만 주어진 업 무가 대부분이고 독자적으로 판단, 선택하는 경우가 많지 않을 것 같은 데…" 별 대답이 없다. "결정 잘하는 방법을 공부하려고 이런 강좌를 개 설한 아닌가요?" 하는 반응이다.

지난주에 서울의 한 IT시스템업체를 찾아 임원들을 대상으로 8시간 강의를 진행했던 상황 이야기이다. 임원의 역할과 책임Role & Responsibility 으로 4시간, 의사결정Decision- Making으로 4시간 진행을 했다. 어려운 주 제이자 광범위한 내용이었다. 회사 의사결정의 마지막 관문에 서 있는

임원이라는 자리, 몇 시간의 교육으로 커버가 될 문제가 아니지만 나름 대로 구성해서 진행을 했다.

핵심으로 의사결정에 있어 '자동적 사고'를 경계하라는 것과 '상대 중심의 결정'으로 압축했다.

사소해 보이는 문제, 어떻게 판단할 것인가?

벌써 30여 년 전의 일로 다니던 회사에서 있었던 일이다. 종합상사이다 보니 회사 내에 다양한 어학교육과정을 개설하여 직원들의 외국어 공부를 도왔다. 중국어, 일어, 러시아어, 베트남어 등을 두고 일부는 의무적으로, 일부는 희망자로 하여 수강신청을 받았다. 물론 수강료는 전액 무료였다.

당시 8시까지 출근이니 어학강좌는 오전 7시부터 8시까지 진행을 했다. 여러 개 강좌를 만들어도 늘 정원이 꽉 차고 했으나 너무 이른 시간이라 직원들이 조금 힘들어해서 회사도 30분 양보, 당사자 30분 양보를 하여 7시 30분부터 8시 30분으로 조정했다. 그러면서 점심시간도 이용한다고 추가로 개설하며 12:00-13:00의 점심시간을 조정해 11:30-12:30 강의와, 12:30-13:30 강의 두 개의 클래스로 진행도 했었다.

그러던 중에 한 직원이 11시 30분경에 자리를 비우고 회사 근처의 '꽃꽂이 학원'을 찾아 배우러 다니는 것을 우연히 보게 되었다. 소속 과장에게 따져 물었다. 그랬더니, 회사가 30분 양보해서 어학공부를 하는 사람도 있으니 개인적으로 자기개발 시간을 달라고 해서 허락을 했다는 것이다. 자기 돈으로 하니 오히려 회사는 손해 볼 것 없지 않느냐는 말도 곁들였다. 어떻게 판단해야 할까?

최근 강의장에서 일어날 뻔한 일도 있었다. 어느 지방의 국립대에서 매주 화요일마다 19:00–21:00까지 기숙사생 40여 명을 대상으로 커뮤니케이션 강좌를 진행했다. 의무 수강이지만 쉴 시간에 강의 듣는 모습이 안쓰럽다.

여러 내용도 있지만, '커뮤니케이션은 온몸으로 하는 것이다'에서 출발을 한다. 교재도 없고 원리와 방법을 말해준 후 2인 1개조, 4인 1개조로 파트너를 바꿔가며 롤 플레이 연습을 반복하였다. 그래서, "미안하지만 핸드폰은 가방에 집어넣자. 잠시라도 한눈파는 순간에 호감도는 절반으로 떨어진다"고 호소를 해 보았다.

대부분의 학생이 잘 따른다. 그러나 일부 학생은 여전히 책상 위에 핸드폰을 열어두고 쉴 새 없이 눈길이 오간다. 학생들 사이를 넘나드는 배회성Wondering Around강의를 하며 가까이 다가가서 가방에 넣도록 유도했다.

그랬더니 어느 학생은 불쾌한 표정을 지으며 버티고 있다. 당장에라도 '이건 내 자유입니다. 왜 교수님이 이래라저래라 하십니까?'라고 할 것도 같다. 그냥 지나쳤다. 내가 비겁한 놈이 된 것이다. 그 이유를 설명하며, 끝까지 몰고 가고 싶지만 참는다. 전체 분위기 싸늘해지며 강의 진행에 문제가 생기기 때문이었다.

'엣지(Edge)'의 중요성

미국 GE사의 CEO였던 '잭 웰치'가 제시하는 '경영리더십'의 덕목에 첫 번째로 'Edge(엣지)'가 등장한다. 군대에서 잘 다려 입은 군복을 보면 '각이 섰다'라고 하는 의미의 단어이다. 요즘 청년들 사이에서는 '엣지 있다'면 그냥 멋진 모습의 의미로 받아들이는 것 같다. 그런데, 이 단어의 뜻에는 '결정, 판단'이라는 뜻이 있다. GE사는 리더십의 핵심으로 '선택과 결정'이 중요하다며, 이것이 조직의 명운命運을 결정한다고 말한다.

판단의 기준 - 왜(Why)에 맞추자

앞에 말한 점심시간에 개인 교습 받는 행위를 필자는 이렇게 판단을 했다. 회사는 시간과 돈을 들여 왜 외국어 강좌를 운영하겠는가? 상사맨의 업무에 필요하기 때문이다. 그리고 점심시간도 회사의 관할에 있는 시간이다. 그래서 꽂꽂이를 근무시간에 배우면 안 되는 것이다. 그러나, 꽂꽂이가 회사의 업무상 필요가 있어 특정 직원에게 배우도록 경비와 시간을 준다면 달라지는 것이다.

학생의 수업시간 핸드폰 사용은 안 된다. 그 시간은 온전히 교수님과 학습을 위한 시간으로 수강신청 순간에 약속을 하는 것이다. 뿐만 아니라 사람이 두 가지 일을 동시에 하면 효율도 떨어지고 제대로 할 수 없다. 교수의 경험과 지식으로 당연히 지도를 해야 한다. '왜'를 생각하며 판단과 선택의 힘을 키워야 한다.

'고맙습니다, 미안합니다, 사랑합니다'의 연습과 훈련

인간관계가 좋은 사람, 그래서 리더가 되고 성공한 사람들은 '고맙습니다, 미안합니다, 사랑합니다'를 많이 쓴다고 한다. '고미사의 법칙'이라고도 한다. 인간관계가 좋으니 성공할 확률이 높아지는 것은 당연하다.

그런데 하나 더하고 싶다. 이 말을 쓰는 만큼 판단, 선택, 결정의 연습을 하게 된다. 특히 나의 좌뇌, 우뇌를 총동원하는 연습을 하는 결과가 나온다.

고맙습니다: 분석적인 이성적 판단의 결과로 하는 말이다.
사랑합니다: 따뜻한 감성적 판단으로 하는 말이다.
미안합니다: 자기를 낮추는 겸양의 판단으로 하는 말이다.

쉬지 않는 판단의 연습! 늦은 나이의 성공을 보장한다.

열 재주 가진 사람 저녁 찬거리 걱정한다: 제너럴리스트와 스페셜리스트

"어제는 무슨 강의를 했습니까?"
"네, '역사에서 보는 위기관리 리더십'이라는 제목의 강의였습니다."
"그런 강의를 해요? 역사전공입니까?"

"아닙니다. 인사관리, 조직관리 전공이지만 리더십에 관한 힌트는 세상 모든 분야에 있습니다. 그런 관점으로 찾으면 역사, 예술, 전쟁, 경영, 정치 등 모든 분야에서 적합한 소재를 연결시켜 4시간 혹은 8시간의 강의도 재미있게 전개가 가능합니다. 핵심(스페셜)이 리더십이고 주변(제너럴)의 소재들을 결합시키는 것입니다."

언젠가 필자가 강의를 직업으로 한다니까 관심을 가지며 질문을 해와서 이런 대화를 주고받았다.

나는 어떻게 성장할 것인가?

인사관리 업무에 오랜 논쟁거리이자 개인적으로 경력관리의 중요 이슈이다. 제너럴리스트Generalist냐? 스페셜리스트Specialist냐? 한 분야에 집중된 전문가냐? 아니면 두루두루 잘하는 팔방미인이냐? 인사과장의 머릿속은 이 직원들의 성장경로Career Path의 이슈가 한 구석을 차지하고 있다. 또한 내 개인의 문제이기도 했다.

대우무역, 종합상사의 인사관리는 자동적으로 전문가, 특히 상품을 중심으로 한 스페셜리스트로의 성장을 기본으로 한다. 그러나, 차장, 부장급이 되면 달라진다. 팀장이나 부서장급이 되면 타 부서의 업무들을 두루두루 챙길 줄 하는 해박함이 필수이다. 특히 4-5년 만에 해외로 나가 독립된 지사나 법인의 살림을 꾸리기까지 하면 더 필수적인 요소가 된다. 조직을 살피며 의사결정이나 업무처리 속도가 남달라져야 하기 때문이다.

직업군인인 장교의 경우 초급 장교 시절에는 제너럴리스트(소대장, 중대장)로 성장하다가 영관급(소령, 중령)에서부터는 분야(인사, 작전, 정보, 군수 등)를 정하는 방식으로 보직을 운용한다. 그러나, 그보다 더 한 단계 위는 임관과 동시에 병과(보병, 포병, 기갑 등)라는 분류에 의해 스페셜리스트의 길로 간다. 그 위의 단계인 육군, 공군, 해군 등은 사관학교를 진학하는 단계에서 선택해서 평생을 가는 것으로 정해진다. 사회와 군대의 오랜 역사 속에서 형성된 커리어 관리의 골격이다.

스페셜리스트의 예리함으로 제너럴하게 무장하자

이 오랜 논쟁은 두 가지의 경우를 보아야 한다. 하나는 업무 표준화의 용이성 측면과 또 하나는 해당 직업, 산업 관련 시장의 크기나 발전 정도에 따라 다르다.

먼저, 표준화가 필요하고 가능한 업무를 보자. 대개가 단순 반복 업무로 규정과 지침을 따라야 하며 시간에 맞춰 반드시 해야 되는 일이다. 공무원, 은행 지점 업무, 공장 라인의 업무, 차량운전, 단체 급식 업무의 반복 업무, 청소 업무 등등이다. 부분적으로 창의성이나 새로운 시도가 필요할 때도 있겠지만, 제너럴리스트가 되어야 하는 직업들이다. 간혹 이 직업에도 남다르게 전문가로 성장하는 경우도 있기는 하지만 흔하지는 않다. 그래서 이 영역에 종사한 사람들이 그 직업을 떠나 시장에 홀로 서면 적응이 어려워질 수밖에 없다.

또 하나는 시장의 규모와 경쟁의 정도가 결정하는 경우이다. 시장이 작고 산업의 발전이 덜한 경우에는 제너럴리스트로 출발을 한다. 그러나, 시장이 커지고 진입자가 많아지며 경쟁이 치열해지면 완전히 달라진다. 스페셜리스트가 되어야 한다. 스페셜의 정도는 돈이 돌아다니는 정도, 즉 시장의 크기만큼 높은 전문성으로 차별화되어야 한다.

그러나, 그 전문성도 일정 단계를 넘어서면 주변 유사 영역이나 전혀 다른 분야의 지식과 융합되어서 성과가 나오기 시작한다. 그 융합의 분야를 혼자서 다 가지기는 한계가 있다. 결국은 주변과 협업하고 교류하는 역량이 빛을 발하게 된다. 그때는 리더십이 중요해진다. 그러면서 남다른 성과를 내게 된다. 그리고, 본인의 직업 수명, 경제활동 영역도 확장이 된다. 특히, 한 회사 내에서는 직무 간 영향 관계가 갈수록 민감해지는 경향이 있다. 전문성이 제대로 빛을 내고 성과를 내기 위해서는 두루두루 얕고 넓은 지식을 갖추고 환경적 요소까지 헤아리며 리더십과 결합되며 완성되는 것이다.

예를 들면, 의사라는 직업을 한번 보자. 시골에 가면 '의원'이란 간판으로 모든 분야를 치료하나, 중견도시, 대도시로 가면 갈수록 세분화된 전문의가 되어야 신뢰감을 주고 실제로 잘할 수 있는 것과 같다. 그 전문성의 수준이 큰 차이가 없을 정도로 세분화되어 경쟁하는 구조가 되면 보다 친절하고 따뜻한 리더십이 있는 의사가 결국 최종 승자가 되는 경우와 같다.

시장의 발전과 기술 변화에 민감해야 한다

직업에 따라서는 이 질문 자체가 유용하지 않을 수도 있다. 배타적인 부분이 아니라 서로 보완하는 관계인 것이다. 한 분야에 전문가가 되면 다른 것도 잘하게 되는 이치와 같은 것이다. 그러나, 일을 대하고 접근하는 자세가 형성되면 새로운 것에도 비교적 빨리 통달하게 되며 개인경쟁력을 갖게 되는 것이다. 가장 중요한 자세는 직업이나 산업의 전문 분야에 몰입하고 집중하되 시장의 발전과 기술의 변화에 민감해야 한다는 것이다.

직장인이 되던 창업을 하던 초년에 너무 옮겨 다니지 않으면 좋겠다. 입사 초기에는 뭘 해도 힘들다. 오죽했으면 뭘 하더라도 일정 시간이 지나면 죽음의 계곡death valley을 지난다고 하겠는가? 힘들고, 하기 싫고, 도망치고 싶은 때, 뭘해도 성과가 잘 나지 않는 때를 의미하는 것이다. 그런 고비를 넘어서야 전문가의 길에 들어간다. 그런데 가끔씩은 두루두루 잘 하는 제너럴리스트가 화려해 보이고 눈에 들어온다. 그러나, 그 이면으로 정작 자신의 자리에서 깊은 성과를 내는 사람을 잘 보질 못했다. 젊고 어린 나이에 자리에 취해버린 것이다.

우리 속담에 '열 재주 가진 놈이 저녁 반찬饌거리 걱정한다.'는 말이 있다. 열(10) 가지 재주를 가지다 보니 딱 부러지게 잘하는 것이 없다는 뜻도 되지만 이쪽저쪽 두루 기웃거리다가 제대로 일자리를 못 찾다가 보니 그날 식사도 제대로 못 하는 궁색함에 처한다는 뜻이기도 하다. 잘 새겼으면 좋겠다.

문화적 유전자로 시작하는 리더십:
신조어와 부하직원

늘 강의만 하다가 모처럼 다른 분의 강의를 들었다. 해외로 나가는 청년들에 대한 멘토링을 위해 새롭게 구성한 멘토들의 워크숍 강의다.

4~5명의 20대 후반 멘티들을 지도하는 멘토들의 나이는 40대 중반부터 60대 중반이며 40여 명으로 구성이 되었다. 대상이 되는 20대 후반 청년들의 특성과 생각을 이해하고자 하는 노력이 절실해서 강사를 모셨다. 강의 내용 중에 그 또래들의 언어를 이해하는 수준 테스트가 있었다. 모두가 흥미있어 하고 재미있어 했으나 정작 너무 어려운 문제였다. 이런 유형은 대학생 대상의 강의를 할 때마다 활용을 하는 편이라 어느 정도 자신이 있었는데 이번 문제는 거의 '0'점 수준으로 끝났다. 테스트 받은 10문제를 올려 본다.

【텅장, 페이스펙, 지여인, 세젤예, 케바케, 버카충, 퇴준생, 롬곡옾눞, LGBT, 좋페】

알듯 모를 듯한 이런 신조어에 대해 말하면 대개가 '그냥 어린 애들'의 놀잇감으로 치부하고 무시해 버린다. 무시해도 큰 문제는 없다. 그런데, 정작 중요한 리더십, 업무 성과, 회사 내 소통의 출발점이 여기에 있다는 것에 대해서는 잘 알지 못하는 듯하다.

'출발점'이라고 하는 이유는 나의 리더십이 발휘되기 위해서는 우선 20~30대들의 마음을 여는 작업이 선행되어야 하기 때문이다. 내 의도를 가르치고, 주입하고, 심지어는 꾸짖는 것으로 시작하면 늘 한계에 부딪힌다. 심지어는 '꼰대'라는 단어로 심정적인 제낌을 당하기도 한다. 앞에서는 듣고 따라오는 척하지만….

문화적 유전자, 밈을 이해하자

같은 노래를 부르고, 같은 복장을 하고, 같은 놀이를 즐기는 자체가 그들의 마음을 여는 데 가장 주효한 출발점이다. 한 걸음 더 나가서 같은 용어, 그것도 타 계층은 알아듣기 힘들다고 생각하는 그들의 말을 내가 사용하는 순간 묘하게도 쉽게 동류의식을 느끼며 마음을 연다. 진화생물학자 리차드 도킨스가 『이기적 유전자』(1971년)라는 책에서 말한 '문화적 유전자, 밈(Meme, 그리스어)'을 정리한 내용이다.

좀 더 넓게는 음식, 술, 노래, 사투리, 몸동작 등으로 그 집단에서만 자연스럽게 통용되고 쉽게 흉내 내지 못하는 문화적인 활동일수록 그 위력은 더 커진다고 한다. 수렵·채집시대의 원시적 본능에 의한 종족의 표시이자 안정성을 찾아내는 '메타 인지적Meta Cognition 상황'이라는 것이다.

밈으로 마음을 먼저 열고 그다음에 설득에 나서자

많은 리더십이론을 공부하고 적용하려고 해도 잘되질 않을 때가 많다. 볼 것 많고, 놀 거리 많고, 할 것 많은 요즘 세상에 이론적으로 체계적으로 접근하는 나의 지시나 가르침에는 쉽게 고개를 돌려버린다. 먼저 그들이 마음을 열게 하는 것이 중요하다. 그것의 가장 첩경이 그들의 문화적 유전자를 찾아가는 것이다. 시대에 유행하는 '통신·메신저 용어'는 매달 10여 개 정도는 공부(?)를 해나가는 것이 좋다. 그리고, 자주 쓰면 더 좋다, 여력이 있다면 요즘 노래 한 곡도 준비해 다니면 좋다.

해 보면 은근히 재미도 있고 쉽게 다가오는 느낌이 들 것이다. 그리고 긴 단어도 짧게 쓰면 시간과 절약이 된다. 다른 집단 사람들이 쉽게 알아듣지 못하는 것을 보다 보면 묘한 쾌감도 나에게 생긴다. 앞에서 언급한 용어 10가지에 대한 답은 인터넷으로 직접 찾아보기 바란다. 책 맨 뒤 275페이지에 답을 올려놓겠다.

부하만이 아니라 집에 있는 20대 자녀들과도 해 보자. 커플 룩을 입고, 커플 모자를 쓰고, 같은 오디션 노래도 들어 보고 흥얼거려 보자. 남다르게 가까워지는 느낌이 들 것이다.

봉급쟁이의 또 다른 꿈, '프리랜서의 길': 자기 성장의 커리어(Career) 설계하기

지난 주말쯤, 평소에 알고 지내던 신문기자가 SNS에 질문을 올려 두었다.

"직장을 다니는 자녀가 최소한 지금 버는 것보다 1.5배는 더 벌 수 있는 프리랜서로 살겠다며 지금 회사를 퇴사하겠다면(그리고 적어도 앞으로 몇 년은 확실히 그렇다면) 어떻게 하시겠어요?"

여러 사람들이 답을 다는 것을 보았다. 직장인이라면 누구나 한번 고민할 주제이다. 필자도 인사업무를 하면 퇴직자 면담을 통하여 으레 직원들의 퇴사 이후 길에 대해 접하게 되었다. 프리랜서를 볼 때는 때로는 부럽기도 하였지만, 속살을 들여다보면 측은해 보일 때도 있었다. 관점에 따라 양면성이 있다는 것이다. 필자도 15년째 절반은 공적인 일, 절반은 '기업과 대학 강의'의 프리랜서 길을 가며 두 길을 가고 있기에 한번 정리해 본다.

두 영역 중 하나를 선택할 때 고민의 핵심은 '노력에 따라 성과(돈)가 나오냐'는 것과 '시간이 가면서 커질 수 있느냐?'는 것, 그리고 '시간의 여유를 어떻게 볼 거냐'는 것이다.

성과는 현재와 미래를 동시에 고려해야 한다. 그러자면 활동분야의 수명, 경쟁자의 진입 용이성, 이를 감안한 지속적인 차별화 가능성 등 세 가지를 따져 보아야 한다. 이는 일반 창업(기술, 소자본)과 동일한 체크 포인트가 될 것이다.

짧은 미래의 성과

성과로 보면 프리랜서가 활동의 대가로 받는 것에는 제반 비용들이 포함되는 경우가 많다. 주로 원가原價성 비용이며 교통비, 숙박비 등이 해당된다. 가끔씩은 개발비용이 들어가기도 한다. 샘플이나 도구, 관련 서적, 소프트웨어 구입, 교재 개발 등에 들어가는 비용이다. 수주가 필요한 분야라면 마케팅 비용도 들어간다. 위의 질문에서는 1.5배라고 했지만 월간 단위인지 연간 단위의 수입인지에 따라서도 달라진다. 분야에 따라 계절적 요인이 있다. 비수기와 성수기가 있다는 뜻이다. 프리랜서지만 개인사업자 자격으로 세금계산서를 발급받는 거래를 하면 부가세도 포함되어 납부 책임이 나에게 돌아오기도 한다. 반면, 직장생활인 경우에는 받는 급여 전부가 나의 성과가 된다.

한 가지 더 짚으면 프리랜서가 돈(대금)을 받는 시기의 문제다. 들쑥날쑥하며 약속한 제때 들어오지 않는 경우가 많다. 내 자금의 여유가 있으면 몰라도 그렇질 못하면 곤혹을 치르는 경우도 많다. 심지어는 상대의 부도로 인해 돈을 날리는 경우도 있다. 나도 한 업체로부터 강의료 거금을 못 받고 날린 경우도 있었다. 그 사이에 마음 졸이는 것도 보통 일이 아니었다.

시간 여유 그리고 가지는 것과 못 가지는 것

프리랜서가 좋아 보이는 것 중 하나가 시간적 여유다. 순수 활동 시간만 본다면 프리랜서가 무척이나 매력적으로 보인다. 그러나, 준비와 이동 시간을 감안하며 사뭇 달라진다. 여유로움은 해당 분야에서 절대적 권위와 콘텐츠를 가진 경우만 가능하다. 한눈팔면 금방 추월당한다. 그래서, 상당 시간을 개발R&D에 투입해야 하며, 노력한 만큼의 개발효과도 있어야 한다. 이 단계로 들어가면 시간의 여유라는 것이 무색해진다.

또 하나 고려할 중요한 것은 경쟁자의 존재와 진입이다. 조금이라도 돈이 된다면 엄청난 인원이 진입을 한다. 각 산업 분야에서 유사한 일을 한 사람도 정년 전후에 진입한다. 프리랜서 분야가 대개 큰 자본(밑천)이 들지 않는 것이 큰 이유일 것이다. 블루오션에서 레드오션으로 가는 것이 순식간이다. 간혹은 정부 차원의 사회적 시스템이 경쟁자로 나타나기도 한다. 최근 들어 심해지고 있는 추세이다.

마지막으로 혼자서 일을 하는 것과 조직 단위로 움직이는 것의 가치 문제이다. 혼자서 하다보면 개발, 마케팅의 어려움이 제일 크다. 남모르는 외로움도 찾아온다. 그래서, 어느 정도 자리 잡으면 회사를 만들어 활동하고 싶은 조직화의 유혹이 찾아온다. 후배들이 찾아와 "모시고 같이 일해 보고 싶다"고 한다. 나의 회사로 창업하여 동료 강사들을 종업원 구조로 두며 봉급을 주는 경우도 있다. 혹은 공동 명의의 회사로 만들어 각자 벌어 오되 같이 비용을 분담하여 사무실도 꾸리고 제안서를 만들며 마케팅도 하고 강의 개발도 하자고 한다.

처음에는 순항을 한다. 매출도 오르고 힘도 생긴다. 그러면 오래지 않아 같이 일했던 사람이 배반(?)을 한다. 콘텐츠, 테크닉 등을 가지고 나가 별도 사업을 차린다든가 프리랜서로 독립선언을 한다. 경쟁의 입찰장에서 만나기도 하고, 나를 험담하고 다니기도 한다. 막을 방법이 없다.

긴 미래(특히 60세 이후)

길게 보면 프리랜서가 월등히 매력적이다. 위에 말한 리스크로 익힌 약간의 긴장과 노력으로 '경쟁자보다 나은(우위) 위치'에 있고, 그것을 즐겁게 받아들이는 것이 체질화되면 더욱 좋다. 봉급쟁이는 무조건 60살이 끝이다.

그러나 하나의 단서가 있다. 몇 살에 프리랜서를 시작하든 그 나이까지 일(혹은 일감)이 있어야 한다. 조금 어린 나이에 꺾어지면 다시 진입이 어려워진다.

어떤 분야는 나이가 들수록 더 유리한 경우도 있다. 연륜이나 경험 자체가 권위가 되는 경우이다. 기업 강의를 하는 분을 보았는데, 73세에 하루 6시간 강의를 거뜬히 해내는 모습을 보았다. 수강생의 집중도도 남다른 모습을 보였다. 권위가 있기에 적은 에너지로도 활동이 가능한 것이다. 100세에도 강의를 하시는 김형석 교수님을 닮고 싶은 경우이다.

그래서, 종합적으로는

결론적으로, 위의 '봉급쟁이와 프리랜서의 길'에 대한 질문은 각각 다른 개인차를 전제로 출발하여야 한다. 활동 분야와 개인 스타일을 감안하여 판단할 일이다. 꼭 프리랜서의 독립된 길로 가고 싶다면 취직해 있는 회사의 유사 분야에서 10년 정도의 경험과 성과를 냈을 때 시작하라고 권하고 싶다. 너무 늦게 시작하면 새로운 환경 적응이 힘에 부친다. 너무 일찍 시작하면 콘텐츠나 고객 이해의 한계로 힘에 붙인다. 마지막 핵심 포인트는 '보다 경쟁력 있는 콘텐츠와 지속개발 가능성'이다.

마지막으로, 매니지먼트 사상가인 '찰스 핸디'의 『코끼리와 벼룩』, 『포트폴리오 인생』 등을 읽어 보기도 권한다.

서울역과 종로3가역을 지나며: 작은 것이라도 변해야 할 이유

눈을 부릅뜨고 내려다보는 눈초리가 예사롭지 않다. 말은 없지만 "어른 왔는데 자리 안 비켜?"라는 투이다. 자리에 앉아있는 젊은이는 피곤해서인지 싸가지가 없어서인지 애써 외면한다. 평일날 오후에 서울지하철 1호선 종로3가역을 거치면 자주 보는 풍경이다. 어르신들(?)이 많이 찾는 탑골공원이 있는 지하철역이다. 사무실이 서울역 앞이다 보니 지하철 1호선에서 봤던 풍경을 그려 보았다.

조금 민감하게 둘러보면 지하철 안에 묘한 냄새가 진동을 한다. 정확히 말하면 묘한 게 아니라 악취이다. 대체적으로 50대, 60대 되는 분들이 모여서 하루를 보낸 결과로 생각이 된다. 이리저리 시간을 보내다가 잘 씻질 않아서, 담배에 찌들어서, 그리고 낮에 술까지 한 잔씩 하고 마침 그 시간에 지하철을 탄 것이다.

30여 년 전 직장생활을 할 때 익히 만나던 서울역 앞 지하도 풍경도 스쳐 지나간다. 이른 아침 출근시간에 혹은 늦은 퇴근시간이면 어김없이 만나는 '노숙자'라고 불리는 분들이었다.

왜 저런 결과들이…

어느 나라, 어디를 가도 있는 부류의 사람들이다. 머리에 맴돌지만 답을 찾지 못했다.

"처음부터 저런 삶이었을까? 원해서 간 것일까? 나도 모르게 순식간에 되었을까? 그전의 삶은 어땠을까?"

강의를 하면서 만난 강사 중에 특이한 분이 있다. 이런 노숙자들을 대상으로 사회복귀 교육을 자주 시켰다는 분이다. 그분이 하는 말로 노숙자들에게 물어보면 어느 한 사람도 이런 삶을 생각하지 않았다고 한다. 살다보니 어느 순간에 이 위치에 와 있고, 이 자리를 거슬러 가려고 했으나 잠시 후에 보면 자기도 모르는 사이에 이 자리에 와 있다는 것이다. 심지어는 정부나 NGO단체에서 다음을 기약할 공간이나 기회를 주는 시도를 많이 한다고 했다. 본인도 그런 기회로 새 삶을 찾아주는 내용의 길라잡이 강의를 했다는 것이다. 그러나, 얼마 지나면 다시 그 자리에 있는 모습에 놀랐다는 것이다.

친구의 고백… 40대 후반에 보고 들은

그런 중에 내 머리를 치고 가는 일이 생각났다. 10여 년 전에 고향친구를 서울에서 만났다. 지방국립대 법학과를 나왔던 친구로 비교적 총명했다. 졸업하고 20여 년이 지난 시점에 만났을 때 모습은 뭔가 빠져 있는 모습이었다.

그때부터 1년 정도 지난 시점에 들은 말이 있었다. "서울 살면서 한때 가락청과시장에서 과일상자를 나르는 중노동, 흔히 말하는 '노가다생활'을 제법 오래 했다"는 것이다. 필자에게는 '충격'이었다. 그 이후 서울에서 만나곤 했는데, 지금은 경기도 소재의 산속에서 작은 음식점을 하고 있다고 한다.

왜 이런 일이?

결론은 '되는 대로 살고 내키는 대로 지르더라'는 것이 공통점이다. 있으면 있는 대로 없으면 없는 대로 산다고 한다. 그러면서 "인생 뭐 별거 있냐?"고 한다. 그러는 사이에 "어! 어!" 하다가 그 위치로 간 것이다.

학창 시절의 꿈은 모두가 컸다. 주변에서 박수받은 것도 똑같다. 그런데 어릴 때, 젊을 때는 제대로 못하고 안 해도 별 차이가 보이질 않는다. 그런데 하루 이틀, 1년 2년을 그런 모습으로 살다가 보면 어느새 그 위치에 가 있게 된다.

15년간 일했던 직장을 떠난 지 10년 만에 되돌아와 당시 같이 일한 사람들로 구성된 조직에서 일하고 있다. 한 조직에서 지속되었으면 모르고 지나갈 일이었다. 같은 사람을 10년 공백 후에 만나니 전후 모습이 비교가 된다.

메타 인지 심리학

심리학 공부를 하다가 최근에 메타인지학META COGNITION을 알게되었다. 인간의 잠재의식에서 일정한 패턴을 보이는 심리를 연구하는 학문으로 프로이트, 융에서 시작된 심리학이다. 그 과학적 이론으로 이런 모습들을 이해해 보자.

인류역사의 대부분은 수렵. 채취, 농경시대이다. 긴 세월 동안 인류의 몸은 에너지 보존, 저장의 메커니즘이 강력하게 구축된 것이다. 에너지가 고갈되면, 배를 채워 에너지를 보강해야 살아가는데, 그 가능성은 기약 없는 일이었다. 그래서, 에너지의 소비가 최소화되는 행동만 골라서 하는 방식으로 진화되며 적응하고 살아왔다는 것이다.

평소 행동에 조금이라도 변화를 주려면 평상시 에너지의 2배 이상이 소요된다. 점심식사와 저녁시간 사이가 보통 4시간인데 낯선 경우를 당하거나 변화를 시도하면 절반이 되는 2시간만 지나면 배가 고파진다. 언제 배 채울지 모르니 죽음의 두려움에 맞서게 된다는 것이다. 그래서, 에너지 소비를 최소화하고자 한다. 우리말에 '앉으면 기대고 싶고, 기대면 눕고 싶고, 누우면 종 부리고 싶고, 종 부리면 자고 싶은 것'이라는 것이 우리 인간의 기본 속성이 된 것이다.

그러다 보니 변화가 주는 두려움, 새로운 시도에 대한 부정적 인식으로 살아가다 보니 지금의 모습이 그대로 이어진 것이다.

100세 시대의 대비

지금 나이로 청년이든 장년이든 몇 살까지 살지 모르는 시대가 되었다. 몸이 가는 대로 하는 것을 거부해야 한다. 언제든지 우리의 몸은 에너지가 넘치는 여건이 되었다. 뭐라도 새로운 것을 시도해야 에너지 순환이 가능하다. 그래서 부지런해야 한다. 에너지를 제대로 쓸 곳을 찾아야 한다.그러질 않으면 넘치는 에너지가 쌓여서 나타나는 '당(糖: 에너지)' 뇨병이 기다린다.

언젠가 스크랩해 두었던 신문기사에서 효암학원 채현국 이사장이 젊은이들에게 한 말이 생각난다. "노인들이 저 모양이란 걸 잘 봐 두어라. 자기 껍질부터 못 깨는 사람은 또 그런 늙은이가 된다는 말이다. 저 사람들 욕할 게 아니고 저 사람들이 저 꼴밖에 될 수 없었던 것은 바로 지금 너희 자리에서 너희가 생각 안 하면 저렇게 된다는 것이다."

가슴에 새기고 지금의 내 모습에서 탈피하려고 노력하는 중이다. 언제까지 살아있을지 모를 일이니까.

"얌마! 내 잔에 술 비었다!": 공부에 현장이냐? 현장에 공부냐?

"야! 박창욱! 너 학교나 회사에서 강의한다면서! 무슨 과목 가르치냐?"
"어? 뭘 그런 걸 물어보냐? 그냥 술이나 먹어라."
"궁금해서 그런다."

작년 연말에 송년회를 맞아 고향 친구들과 술자리에서 갑자기 받은 질문이다. 작은 제조업을 하는 3~4명과 잔을 주고받으며 이런저런 얘기를 하는 중에 질문이 날아왔다. 조금 불편했지만 되물었다.

"왜 그러는데?"
"너는 우리 고향에서 제일 똑똑했잖아. 그래서 좋은 대학 나오고 좋은 회사에서 잘나가던 놈이 조금 불쌍해서 그런다. 강의 다닌다고 만나기도 어렵고, 전국을 직접 운전하며 돌아다닌다기에 힘도 들 것이고 해서 마음이 쓰여 그런다."

이쯤 되면 방법이 없어 답을 했다.

"기업에서 직장인 대상으로는 리더십, 성과관리, 창의성, 변화관리, 인문학, 고객만족 같은 것 강의한다. 그리고, 대학교에 가면 취업과 관련된 면접, 입사서류, 인재상 등등 강의한다. 됐냐?"

"그러면, 리더십, 고객만족이란 것이 뭐냐?"

이젠 나도 짜증이 난다. "야. 술이나 먹어라. 술 맛 떨어지게 뭘 자꾸 물어보냐?" 고향 친구이니 스스럼없이 애교 있는(?) 욕도 곁들여졌다. 그랬더니만···.

"얌마! 내 잔에 술 비었다. 뭘 가르쳐? 리더십이라고? 고객만족?"

"아차!"

완전히 한 방 먹었다는 생각이었다. 띵할 지경이었다. "아! 미안하다···." 무릎이라도 꿇고 싶은 심정이었다. 그렇다고 고백도 하고 싶었다.

친구는 술잔을 따르는 내 모습을 보고 빙긋이 웃었다. 작은 제조업을 하면서 산전수전山戰水戰 다 겪으며 온몸으로 거래처 상대하고, 직원들 챙기고, 때로는 관공서, 세무서, 은행들과 씨름하며 몸으로 겪은 내공이 한 방에 나온 것이었다.

친구랑 술자리를 할 때 가장 큰 일이 서로 대화상대 되어 주는 것과, 잔이 비면 술 건네주는 것. 얼마나 쉽고 간단한 것인가? 그런데 나도 모르는 사이에 다른 사람이 주는 것만 받아먹고 살았다는 생각에 멍해진 것이다.

제대로 배웠다. 나보다 공부 못한 친구에게….

우리가 배웠던 수많은 개념들, 베스트셀러 책들에서 배운 것, 생각 따로, 말 따로, 행동 따로 인생을 살아왔다. 그러니 후배들에게 동료에게 인정받지 못한다. 상사에게도 미움을 받아 일찍 직장에서 밀려나기도 한다.

경청, 칭찬, 배려, 실행… 헤아릴 수 없이 많은 단어들… 실행으로 내 몸에 익혀야 한다. 무조건 몸에 배여야 한다. 인간관계와 '리더십'의 핵심이다. 말로만 하고 생각으로만 하다가 큰소리만 치니 어른을 보고 '꼰대'라고 부르는 것이다. 내 부하가, 내 식구들이, 내 후배들이… 그러다가 멀어지면 외로워지고 '독거노인'이 되는 것이다.

리더십의 핵심이 되는 행동들은 평생을 관통하며 인간관계를 윤택하게 해 주는 것들이다. 그런데, 말로는 쉽지만 행동으로 그리고 습관으로 이어지는 것은 정말 힘들다. 모두가 힘들어한다. 조금이라도 어릴 때 준비해야 하며 습관이 되어야 한다. 나이가 들어 하려면 더 힘들어진다.

당장 내 앞에 앉은 사람에게 눈 맞추고 끄덕거리자. 그리고, 술잔 건넬 일이 많은 연말이 되면 틈나는 대로 연습하고 또 연습하자.

필자가 다녔던 회사는 유독 현장을 중시하였다. 배운 이론으로 접목하기가 어려운 분야들을 개척해 가는 분위기였다. 세월이 흐른 후에야 우리의 성공 케이스가 이론이 되는 경우를 많이 보았다. 더 빨라지는 세상! 내 앞에 진리가 있다.

영화 '라이언 일병 구하기'와 직업정신, 나의 사명: 글로벌 인재 양성이라는 일에 남다른 성취 추구

2020년 벽두인 1월 1일 휴무일을 맞아 20년이 지난 영화 '라이언 일병 구하기'를 다시 봤다. 중요한 장면은 몇 번 되감기도 하며 보았다. 살아가고 존재하는 이유를 챙겨보고 싶어서였다. 20년 동안 수차례 이 영화를 보았지만 올해는 남다른 느낌이었다.

주제를 요란하게 드러내지 않지만 집중력이 다시 한번 돋보였다. 특히, 거장 감독인 스티븐 스필버그의 수준 높은 화면도 압권이었다. 참혹한 전쟁터의 모습을 이야기의 흐름과 분위기에 맞게 풀어낸 영상미는 또 다른 감각을 자극하였다. 고수高手가 되는 길을 고민하며 5시간에 걸쳐 보았다.

'라이언 일병 구하기'

2차 대전 전쟁터에서 라이언 일병 한 명을 구하라는 터무니없는 명령에 8명의 레인저 대원들은 적진 깊숙이 들어간다. 같은 이름의 4형제 중 3명은 이미 전사하고 남은 한 명을 구하라는 명령이다. 얼핏 의미 없어 보이는 병사를 찾는 모습과 함께 적과 대치되는 상황이 되면 죽을힘을 다해 싸우는 모습이 번갈아 비춰진다. 대원 당사자들의 혼란은 이어지고 지휘관인 대위의 리더십은 계속 시험대에 오른다. 겨우 찾은 당사자인 라이언 일병은 동료를 두고 혼자 떠날 수 없다며 어이없는 상황이 벌어지기도 한다. 그런 중에 결국 대원들은 거의 다 죽고 '라이언 일병'은 살아서 고향으로 돌아간다. 그냥 끝낼 수도 있는 장면이 또 다른 압권이었다.

두 가지 생각으로 정리가 되었다.

하나는 군인의 '존재 이유'이다. 1명을 구하기 위해 치르는 많은 희생들. 단순히 명령이라는 단어만으로는 설명이 안 된다. 군인의 직업정신이었다. 한 명이라도 구하는 것과 전쟁승리라는 군인의 사명에 뿌리를 둔 것이다.

또 다른 하나는 마지막 엔딩 장면이다. 강력한 메시지가 눈에 들어왔다. 세월이 지나 늙은 라이언 일병이 주인공 대위의 묘지에 참배하는 장면이다. 한편에는 죽어간 수많은 군인의 하얀색 십자가, 반대편에는 살아난 한 명인 라이언의 후손들이 번창하여 참배하는 모습이었다. 지금이 두 가지 주제가 대한민국 전반에 상실된 정신이라는 생각이 들었다.

직업이란? 사명·소명(Calling)

요즘 늘 머릿속을 맴도는 단어가 있다. 사명Mission이다. 기독교에서는 소명召命이라고도 한다. 직업의 다른 표현인 Calling에 맞닿아 있다. 뉘앙스는 조금 다르지만 불교에서 말하는 업보業報:카르마와도 닿아 있는 단어이다.

하늘이 나한테 준 소명은 무엇일까? 좀 더 적극적인 생각으로 이 세상에서 나만 할 수 있는 '일'은 무엇일까? 하늘 아래 인간세상은 거대한 분업이라는 역할분담이 작동하는 곳! 내가 없으면 안 되는 역할은 무엇일까? 미리 주어진 것일까? 살아가면서 만들어지는 것일까?

직업교육이나 기업교육에서 유행하는 '비전 설정' 교육을 염두에 둔다면 태어날 때 정해진 것인양 오해하기가 십상이다. 필자는 대학 졸업 이후에 6번째의 직업을 거치면서 사명을 다르게 인식하였다. 실제로 남다르게 살고 싶었고 그 관점으로 사명을 인식하였고 지금도 연장선상에 있다.

중학교 교사 2개월, 직업적 성격이 짙은 군 장교 39개월, 웬만한 품목을 다 취급하는 회사인 종합상사에서 인사담당이자 대그룹사 모기업으로 다양한 산업의 직간접경험 15년, 중소기업에서의 전문경영인 5년, 교육사업 및 전문강사 15년, 공익법인에서 10년. 여기에 비즈니스계에서 글로벌 최고의 전사GYBM를 길러내는 행정과 교육 그리고 성장관리를 챙기는 경력이 나에게 주는 사명은 무엇일까?

일부러 살아가고 싶어도 쉽지 않은 길을 걸어왔다.

세상을 살아가는 배짱

강의로, 업무로 전국을 다닐 경우가 많다. 특히 운전을 하다보면 사고로 아찔한 경우를 당하기도 한다. 기독교 신자로서 이런 생각을 할 때가 있다. '하나님은 절대 나를 하늘로 빨리 데려가지 않을 것이다.'

'이 시대에 나에게 준 사명이 너무 크고, 감당하도록 예정되게 키워온 존재이기 때문이다. 행보나 활동이 조금 무리가 되고 위험한 상황을 만나게 되더라도 하나님은 나를 보호해 주실 것이다'는 믿음으로 살아가는 것이다. 나만을 위한 길이라는 생각을 떨칠 수가 없다.

'진인사 대천명'
그리고 300명 육성 강의

'인사는 만사人事萬事다'

'사람이 중요하다', 혹은 '사람을 적재적소에 두는 것이 경영의 핵심이다', 혹은 '사람이 모든 일의 근본이고 시작이자 끝이다'라는 의미로 우리는 말하곤 한다.

진인사 대천명(盡人事 待天命)

'인사'라는 말이 들어간 또 하나의 관용어로 '진인사 대천명'이 있다. 사람의 도리를 다하고 하늘의 명령을 기다린다, 매사 최선을 다하라는 의미로 해석을 한다. 원래의 말은 '수修인사 대천명'으로 삼국지의 적벽대전에서 나오던 말이었다. '너무 억지로 하려고 하지 말며 하늘의 뜻을 기다린다'는 뜻으로 해석이 되었다.

그러나, 언제부터인가 변이가 되며 '진盡'이라는 글자로 바뀌었다. '탈진하다', '기진맥진하다'라는 단어에 있는 글자이다. 영어로는 '번아웃 Burn Out'이다. 보다 적극적 의미로 나의 도리나 힘을 다하라는 뜻으로 읽힌다.

그러나, 탈진을 한다는 것이 제각기 개인차가 나는 것을 많이 보았다. 측정이 불가능하니 조직이나 인간관계에서 핑계로 쓰이는 경우도 많았다. '최선을 다했다'는 말과 비슷하게 쓰이며 책임을 피해가는 말이 되었다.

진인사든 최선이든 눈으로 보이는 경우도 있다. 조직에서 긴급하게 해결해야 할 문제에 본인의 손에 있는 자원만으로 쓰는 경우, 집안이나 가족의 자원까지 끌어 쓰는 경우, 거기에 더하여 친구나 지인의 자원까지 총동원하는 쓰는 경우의 차이는 뚜렷하다. 어느 것이 정답이라는 것은 없다. 회사에 과잉충성, 출세에 눈이 멀었다라는 식으로 매도를 하진 말았으면 좋겠다. 막혔던 문제로 절체절명의 위기를 당해 본 조직이나 사람들은 그 가치를 안다.

그런데 진인사와 최선이 눈으로 평가되지 않는 경우가 더 많다. 성장하기 위해 공부하고 자기개발에 힘쓰는 사람이라면 조금 개념을 달리했으면 좋겠다.

최선은 비겁이다. 최고가 되자

그런 의미에서 필자는 최선이라는 말을 싫어한다. 핑계로 그칠 공산이 크기 때문이다. 반면에 '최고, 1등'을 추구하는 것을 좋아한다. 내가가진 모든 것으로 1등은 누구나 불가능하다. 작은 것 하나라도 1등을 추구하자는 것이다. 그러기 위해 남다른 접근법을 찾으면 된다. 시장의 규모가 작을 때는 종합 1등만이 최고였지만 지금 우리나라의 규모 혹은 글로벌 차원으로 접근을 하면 많은 것에서 1등이 가능하다.

직업에서나 사람을 대할 때 차별화, 진인사盡人事를 추구한 계기가 있다. 벌써 10년이 된 일로 어느 일간지의 인터뷰 기사를 본 이후이다. 이화여대 교내에서 41년째 구두 수선하는 분의 이야기이다. 굽이나 깔창을 수선하는 일에 얇은 바지를 입고 작업하며 한 달이면 버리고 갈아입는다는 말에 기자가 앞치마 두르기를 권했다. 그러니 나온 답변이 놀라웠다.

"몸을 아끼면 일이 제대로 되지 않아요. 일감이 몸에 딱 달라붙어야 일을 다부지게 할 수 있어요. 내가 여기서 와이셔츠에 넥타이 매고 일해 봐요. 일이 되겠어요? 구두 고치는 게 얼마나 복잡하고 정교한 일인데…"

뒤통수를 두드려 맞은 느낌이었다. 신문을 방바닥에 깔고 큰절을 했다. "아이쿠, 형님!"

진정한 진인사를 생각하며…

그때부터 내가 할 수 있는 것을 찾았다. 적어도 '진盡'이라는 글자에 걸맞는… 그래서, 대학 강의에서 청중이 300명 미만이면 마이크 없이 육성으로 강의하는 것을 시도했다.

대형 강의장에 서면 미세한 차이를 느낀다. 강사가 마이크, 특히 길이가 한정된 유선 마이크를 쥐는 순간 3분만 지나면 3-4번째 줄 이후는 취침자가 속출한다. 마이크로 인해 2-3미터 이상 움직이지 않을 것이라고 판단이 서면 긴장이 풀리고 '누군가 하겠지, 앞에 보이는 사람들이 조는데 별일이 없네'라며 졸음을 부르기 시작한다.

그래서 마이크를 던져두고 강의시간 내내 학생들 사이를 전후좌우로 누비며 눈 마주치고, 질문하고, 사탕도 나눠준다. 그렇게 2시간, 4시간을 보낸다. 지난 10년 전부터 꾸준히 해오고 있다. 학생들은 불편해하지만 재미있어하는 이중성을 보게 된다.

"학생을 가르치는 일이 얼마나 정교한 일인데…."

미드 '마르코 폴로(MARCO POLO)'에 나오는 '쿵후, 공부'의 정의

또 다른 진인사를 소개한다. 단순히 드라마의 대사지만 큰 울림이 있다. 넷플릭스에서 방영한 미국드라마 '마르코 폴로'의 한 대사이다. 13세기 이탈리아의 탐험가 마르코 폴로가 몽골 황제 쿠빌라이 칸에게 생포되어 일어나는 일들을 판타지성으로 그린 드라마이다. 미국에서 돈 들여 찍었다고 하며 미국의 중국인들로 배우를 캐스팅해서 영어공부로도 제법 재미가 있었다.

해당 대사는 폴로의 멘토이자 무예 스승이 쿵후를 가르치며 말하는 '쿵후功夫'의 정의이다. 우리말의 공부工夫와 맞닿아 있다.

"쿵후가 무엇이라 생각하느냐? 서방西方으로 돌아가게 된다면 '쿵후'가 무엇이라 설명할 것이냐? 힘든 단련으로 얻은 극상의 기술이다. (중략) 연습, 준비, 끝없는 반복…정신이 혼미하고 뼈가 욱신대고 땀 흘릴 기력조차 없으며 숨 쉴 힘조차 남지 않는 것, 그것만이 유일하게 쿵후에 이르는 길이다."

진인사盡人事를 왜 해야 하는가? 하늘의 명령天命, 즉 사명, 소명(미션)을 이루기 위한 것이다. 그러자면 인사人事는 만사萬事이어야 한다.

이 책이 엄혹한 취업전선에 선
모든 분들에게 지도와 나침반이
될 수 있기를 희망합니다!

권선복
도서출판 행복에너지 대표이사

2020년의 대한민국을 관통하는 화두에는 여러 가지가 있겠지만 그중에서도 가장 중요하게 다뤄지고 있는 것은 '일자리'일 것입니다. 코로나19의 유행을 비롯하여 다양한 요인으로 인한 취업 경쟁의 극대화로 '스펙'을 잘 갖추어 많은 이력서를 내도 원하는 직장을 구하기는 바늘구멍 뚫기보다 어렵습니다.

그렇다면 취업에 가장 중요한 것은 무엇일까요? 학벌도, 스펙도 일정 수준은 중요하다고 할 수 있을 테지만 가장 중요한 것은 기업 인사팀의 눈에 들어 좋은 평가를 받는 것입니다. 기업에서 사람을 선발하고, 직원을 승진시키는 역할을 맡은 사람들이 어떤 기준으로 사람을 평가하는지 알고 있다면 사막 위에서 지도와 나침반을 얻은 것만큼이나 큰 힘이 될 수 있을 것입니다.

이 책 『인사팀장의 비하인드 스토리』는 과거 대우그룹의 종합상사인 (주)대우에서 인사관리, 경영기획 업무를 총괄하였으며 현재는 '사단법인 대우세계경영연구회'에서 해외(동남아)진출 인재를 키워내는 '글로벌청년사업가Global YBM 양성과정'의 실무를 진두지휘하고 있는 박창욱 사무총장이 오랜 '인사팀장' 인생 동안 경험한 인사의 모든 것을 풀어낸 에세이인 동시에 취업에 도전하는 모든 이들이 펼쳐보아야 할 자기계발서입니다.

박창욱 사무총장은 이 책을 통해 '기업이 진짜로 원하는 인재상'이 무엇인지, 기업은 어떻게 구직자와 직원을 평가하는지, 대부분의 구직자들이 '자신이 취업을 못 하는 이유'를 어떻게 잘못 이해하고 있는지 등에 대해 현실적이면서도 날카로운 통찰을 풀어내며 동시에 해결책을 찾기 위한 실마리를 보여 주고 있습니다. 실제 사례를 기반으로 풀어내는 취업과 직장생활 이야기는 때로는 아플 정도로 예리하지만 그 속에서 미래를 만드는 희망을 찾아낼 수 있을 것입니다.

여기에 더해 박 총장이 오랫동안 인사업무 속에서 많은 사람들과 부대끼면서 느끼고 고민했던 정년퇴직 이후의 건강한 삶에 대한 생각들 역시 이 책을 드는 독자들의 인생 설계에 여러모로 조언이 될 수 있을 것입니다. 특히 재직시절부터 미리 내다보고 조금씩 준비해왔던 저자 본인의 사례를 중심으로 쓴 에세이들은 갑작스레 닥쳐온 백세 시대에 인생 2막, 3막을 미리 준비할 수 있도록 힌트를 제공할 것입니다.

바늘구멍 같은 취업 시장에서 갈피를 잡지 못하고 헤매는 사회 초년생과 재취업 희망자들이 이 책을 통해 걸모습보다는 뿌리가 깊은 나무로 자신을 브랜딩할 수 있기를 희망합니다!

퀴즈의 답

Ⅰ. 숫자 의미 부여하기(159페이지)

25=한국전쟁이 일어난 날짜

1492=콜럼버스가 신대륙을 발견한 연도

36=손자병법의 36계 줄행랑

6=대륙의 개수

4=자동차의 바퀴 수, 자라의 다리 수, 자연의 계절 수

Ⅱ. 신조어 이해(250페이지)

1. 텅장 - 텅 빈 통장

2. 페이스펙-얼굴과 스펙의 합성어

3. 지여인-지방대,여학생, 인문계(최악의 스펙)

4. 세젤예-세상에서 제일 예쁜 사람

5. 케바케-케이스 바이 케이스

6. 버카충-버스 카드 충전기

7. 퇴준생-퇴사준비생

8.롬곡옾눞-폭풍눈물의 글자를 뒤집은 것

9. LGBT-레즈비언,게이 바이섹슈얼, 트랜스젠더

10. 좋페-좋아요를 누르며 페이스북 메시지를 보내겠다.

'행복에너지'의 해피 대한민국 프로젝트!
〈모교 책 보내기 운동〉

대한민국의 뿌리, 대한민국의 미래 **청소년·청년**들에게 **책**을 보내주세요.

많은 학교의 도서관이 가난해지고 있습니다. 그만큼 많은 학생들의 마음 또한 가난해지고 있습니다. 학교 도서관에는 색이 바래고 찢어진 책들이 나뒹굽니다. 더럽고 먼지만 앉은 책을 과연 누가 읽고 싶어 할까요?

게임과 스마트폰에 중독된 초·중고생들. 입시의 문턱 앞에서 문제집에만 매달리는 고등학생들. 험난한 취업 준비에 책 읽을 시간조차 없는 대학생들. 아무런 꿈도 없이 정해진 길을 따라서만 가는 젊은이들이 과연 대한민국을 이끌 수 있을까요?

한 권의 책은 한 사람의 인생을 바꾸는 힘을 가지고 있습니다. 한 사람의 인생이 바뀌면 한 나라의 국운이 바뀝니다. **저희 행복에너지에서는 베스트셀러와 각종 기관에서 우수도서로 선정된 도서를 중심으로 〈모교 책 보내기 운동〉을 펼치고 있습니다.** 대한민국의 미래, 젊은이들에게 좋은 책을 보내주십시오. 독자 여러분의 자랑스러운 모교에 보내진 한 권의 책은 더 크게 성장할 대한민국의 발판이 될 것입니다.

도서출판 행복에너지를 성원해주시는 독자 여러분의 많은 관심과 참여 부탁드리겠습니다.

도서출판 **행복에너지** 임직원 일동

사실, 당신이 보석입니다

이승규 지음 | 값 15,000원

『사실, 당신이 보석입니다』는 자신의 운명에 굴하지 않고 칠전팔기의 노력 끝에 꿈을 달성한 저자의 경험이 고스란히 녹아있는 책이다. 살다보면 내가 원하지 않았던 일이 오히려 나의 꿈을 키워줄 수도 있다는 사실을 굳게 믿은 저자는 졸업 후 스펙부족의 좌절을 뚫고 영어라는 열쇠에 매달려 호텔과 면세점을 거쳐 국제보석감성자로 우뚝 서게 된다. 어려운 시대, 젊은이들이 다시금 꿈과 희망을 가지는 데에 큰 도움이 될 수 있을 것이다.

대왕고래의 죽음과 꿈 가진 제돌이

김두전 지음 | 값 20,000원

저자는 제주에서 태어나 거의 전 생애를 살아왔으며, 자신이 태어난 땅과 자연, 사람들에게 깊은 애착을 가지고 이 소설을 구상했다. 제주 김녕마을에 전해져 오는 대왕고래 전설과 인간에게 불법포획되어 수족관에 갇혀 살다가 4년 만에 자유를 찾은 돌고래 제돌이의 실화가 어우러진 이야기 속에서 제주의 고유한 전승과 문화, 자연과 사람들이 살아 숨 쉰다. 160여 년을 넘나드는 제주의 생명력이 독자들의 마음에도 웅대한 감동을 남길 것이다.

그림으로 생각하는 인생 디자인

김현곤 지음 | 값 13,000원

이 책은 급격한 사회변화 속 어려움에 놓인 모든 세대들에게 현재 국회미래연구원장으로 활동 중인 미래전략 전문가, 김현곤 박사가 제시하는 손바닥 안의 미래 전략 가이드북이다. 같은 분야의 다른 책들과 다르게 간단하고 명쾌한 그림과 짤막한 문장만으로 이루어진 것이 특징이며 독자들은 단순해 보이는 내용을 통해 미래에 대한 불안과 혼란에서 벗어나는 것뿐만 아니라 행복한 미래를 설계하는 통찰을 얻을 수 있을 것이다.

내 낚싯대 위에 내려앉은 나비 떼

이매 지음 | 값 20,000원

한 사람의 인생은 그 자체만으로도 문학이 되곤 한다. 이 책은 병장으로 전역한 화자가 시골 중학교 선생님으로 부임하면서 펼쳐지는 사랑과 이상, 좌절을 다룬 자전적 이야기이다. 전역 직후 순수한 심성을 간직한 '나'가 '누구도 부임하고 싶어 하지 않는' 시골 중학교의 교사로 부임한 후 다양한 사람들과 얽히며 펼쳐지는 사랑과 이별, 기쁨과 슬픔, 이상과 좌절의 이야기는 순도 높게 정제된 언어의 옷을 통해 독자의 감성을 움직일 것이다.

커피, 그리는 남자

김상남 지음 | 값 15,000원

『커피, 그리는 남자』는 어느 날 서점에서 그림책 한 권을 우연히 마주친 것을 계기로 그림의 세계에 빠져든 한 바리스타의 소소한 일상과 아기자기한 그림들이 한데 어우러진 에세이집이다. 시원하면서도 솔직한 손그림과 함께 카페에서 마주치는 손님들과의 소소한 일화, 삶을 바라보는 짤막한 단상들을 읽어 내려가다 보면 화려하지 않아도 행복한 인생의 참맛이 따뜻하게 가슴 한구석을 이루만지는 체험을 할 수 있을 것이다.

무슨 사연이 있어 왔는지 들어나 봅시다

손상하 지음 | 값 25,000원

전직 외교관이 외교현장에서 직접 겪은 생생한 이야기를 가감 없이 소개하는 흥미진진한 수필집이다. 첩보 영화를 방불케 하는 외교 작전에서부터 우리가 모르는 외교현장의 뒷이야기, 깊은 인간적 비애가 느껴지는 역사의 한 무대까지 저자의 생각과 여정을 따라가다 보면 마치 현장에 와 있는 것만 같은 실감과 함께 세계 속 대한민국의 위치를 돌아볼 수 있는 사색을 제공할 것이다.